Norbert Schäffer

unter Mitarbeit von

Anita Schulze, Karol Zub, Andrzej Dyrcz, Jolanta Slowik und Michael Mühlenberg

Narew und Biebrza

Leben am europäischen Amazonas

Natur-Reiseführer durch die größten naturnahen Flußtäler Mitteleuropas

Naturerbe Verlag Jürgen Resch

Der Autor:

Norbert Schäffer
studierte Biologie in Regensburg, Bayreuth und Würzburg. Er arbeitet derzeit bei der Royal Society for the Protection of Birds (RSPB) und koordiniert für RSPB und BirdLife International die internationalen Aktivitäten zum Schutze des Wachtelkönigs sowie zur Erstellung europaweiter Schutzprogramme für mehrere andere Vogelarten.

Norbert Schäffer (Jahrgang 1964) führte die Freilandarbeiten zu seiner Dissertation über Habitatnutzung und Fortpflanzungssystem von Wachtelkönig und Tüpfelralle in Zusammenarbeit mit dem Max-Planck-Institut für Verhaltensphysiologie und mit Unterstützung einer deutsch-polnischen Arbeitsgruppe in den Jahren 1992 bis 1994 im Narew- und Biebrzatal in Nordostpolen durch. Seit vielen Jahren engagiert sich Norbert Schäffer im privaten Naturschutz und ist im Landesvorstand des Landesbundes für Vogelschutz in Bayern für internationale Naturschutzarbeit zuständig.

© 1996 Naturerbe Verlag Jürgen Resch
Stockacher Straße 11 • 88662 Überlingen
Alle Rechte, auch die der photomechanischen Wiedergabe und der Übersetzung vorbehalten.

Layout: Jürgen Resch, Marion Hammerl
Lektorat: Patricia Holzmann-Seahpour
Druck: Druckerei Wachter, Bönnigheim
Printed in Germany

ISBN 3-931173-00-3

Dieses Buch ist posthum Prof.
Dr. Adam Pałczynski gewidmet.
Durch seine wissenschaftlichen
Untersuchungen im Narew- und
Biebrzatal trug er dazu bei, den
naturschutzfachlichen Wert dieser
Flächen zu erkennen und Grund-
lagen für Schutzmaßnahmen zu
erarbeiten.

Grußwort

Jeder Wasserbauer in Europa sollte die Flüsse Narew und Biebrza in Nordostpolen kennenlernen, bevor er seine Ausbildung beginnt, denn diese beiden Flüsse fließen auf großen Strecken so, wie es die Natur und nicht wie der Mensch es eingerichtet hat. Wollten wir dies in Deutschland studieren, müßten wir uns historische Landkarten und Bilder anschauen, weil es solche Flüsse bei uns nicht mehr gibt. Aber das ersetzt nicht das Erlebnis an der Narew, wenn nach der Schneeschmelze die Fluten fast an die Marke des Jahrhunderthochwassers heranreichen wie im April 1996. Die Talaue ist dann eine grandiose Seenlandschaft, und anders als bei uns sahen wir an der Narew kein Haus im Wasser. Man muß an Flüssen eben wissen, wohin man baut.

Ökologen preisen immer wieder den Reichtum an Arten und die große Zahl der Individuen, die in und an naturbelassenen Flüssen leben. Biebrza und Narew liefern dazu viele Superlative, zum Beispiel mit ihren Rohrdommeln, Tüpfelrallen, Wachtelkönigen, Doppelschnepfen, Trauerseeschwalben und Seggenrohrsängern, mit ihren Laubfröschen und Kreuzkröten, mit ihren Hechten, Plötzen und Rotfedern.

Die Flußtäler von Narew und Biebrza sind Teil von Nordostpolen, für den Krzysztof Wolfram noch zu kommunistischer Zeit die Vision von den "Grünen Lungen Polens" entworfen hat. Die Entwicklungsziele für diese Region sind bisher einzigartig in Europa: keine Großstrukturen von Industrie und Gewerbe, naturverträgliche Landwirtschaft und sanfter Tourismus sowie Erhaltung und Renaturierung der Landschaft.

Der Nordpodlassische Bund für Vogelschutz, die Wojewodschaft Białystok und die Stiftung Europäisches Naturerbe liegen also genau richtig, wenn sie einen in den 80er Jahren kanalisierten Abschnitt der Narew von 7 Kilometer Länge renaturieren. Anfang 1996 ist dieses internationale Projekt in die entscheidende Phase der Realisierung getreten: Nach dem Kauf von rund 300 Hektar Land, wofür EURONATUR das Geld gesammelt hat, haben Bauern von Rogowo mit der Renaturierung begonnen. Dadurch wurden rund 200 Hektar unter Wasser gesetzt. Przemyslaw Bielicki rief mich danach an: "Fluß wieder fließt in alte Arm".

Nach dem Kauf von weiteren Flächen wird der Kanal an mehreren Stellen zugeschüttet. Dies ist eine Aufforderung für alle Wasserbehörden und Politiker in Europa, die Natur in die Flußauen zurückzuholen. Sie als Käufer dieses Naturführers sind bereits Partner dieser Jahrhundertaufgabe, denn zwei Mark von dem Kaufpreis werden für das Projekt Narew eingesetzt. Wenn Sie mehr für die Natur in Europa tun wollen, können Sie bei EURONATUR Förderer oder Stifter werden.

Der Verlag hat mit Norbert Schäffer einen ausgezeichneten Kenner der beiden Flußauen als Autor gewonnen. Er führt Sie durch diese wunderschönen Naturlandschaften, in den Urwald von Białowieża mit seinen Wisenten und vermittelt Ihnen, wie Sie am besten dorthin kommen können. Ich wünsche Ihnen Freude bei dieser spannenden Lektüre.

Prof. Dr. Gerhard Thielcke
Vizepräsident von EURONATUR.

Inhalt

Einführung

Polen – Land der Gegensätze

Rund 1.000 Kilometer nordöstlich von München liegt das größte, weitgehend naturnahe Flußsystem Europas außerhalb der Länder der ehemaligen Sowjetunion: die Täler der Flüsse Narew und Biebrza. Hinter diesem Superlativ verbergen sich mehrere tausend Quadratkilometer dünn besiedelter, landwirtschaftlich extensiv bewirtschafteter Kultur- sowie teilweise unberührter Naturlandschaft, weitgehend verschont von den Folgen der Industriegesellschaft. Folgen, die in anderen Teilen Polens unübersehbar sind. So mußten 28 Regionen in Polen offiziell zu ökologischen Krisengebieten ausgewiesen werden. Auf diesen zehn Prozent der Landesfläche leben rund 12 Millionen Menschen, obwohl Mediziner von einem dauerhaften Aufenthalt in derartigen Regionen abraten. Schwefeldioxid, Stickoxide, Staub, Kohlenmonoxid, Schwermetalle – wie weit sind die Flußniederungen Nordostpolens von diesen Begriffen, die das Leben in den oberschlesischen Industriegebieten so sehr prägen, entfernt!

Die Flüsse Narew und Biebrza erscheinen als Lebensadern, die zurecht diese Bezeichnung tragen. Sie sind nicht in erster Linie in ein Korsett gezwängte Vorfluter, Kühlmittel für die Industrie,

Oben: Der Nordosten Polens ist geprägt von kleinbäuerlichen Strukturen.

Energielieferant oder Wasserstraße, nicht notwendiges Übel zur Be- und Entwässerung von landwirtschaftlichen Nutzflächen und bautechnische Herausforderung für ehrgeizige und kurzsichtige Wasserbauingineure. Sie sind gestaltendes Element in einem Naturraum, Flüsse, die jedes Frühjahr eine schier unüberschaubare Fläche überfluten, um sich im Laufe des Sommers wieder in ihr Bett zurückzuziehen und eine atemberaubend schöne Landschaft zu hinterlassen, Lebensräume, bei denen die Betonung auf der ersten Silbe dieses Wortes liegt. Lebensräume nicht nur für zehntausende von Zugvögeln, die einen Zwischenstopp auf ihrem Weg in die sibirischen Brutgebiete einlegen. Eine fast anachronistisch erscheinende Fauna mit Wolf, Luchs, Biber, Elch und Fischotter ist ebenso selbstverständlicher Bestandteil der hier heimischen Lebensgemeinschaften wie sechs verschiedene Adlerarten oder der Seggenrohrsänger, eine vogelkundliche Besonderheit, die das Herz von Ornithologen höher schlagen läßt.

Die polnischen Naturschützer nennen dieses Gebiet den "europäischen Amazonas" – eine wahrlich treffende Beschreibung. Die volle Bedeutung dieser Bezeichnung erschließt sich vor allem dem, der an Bord eines Flugzeuges zur Waldbrandkontrolle von oben auf diesen Teil der Erde blicken darf. Erst aus der Luft wird die immense Ausdehnung der Sumpfgebiete deutlich. Auf Hunderten von Quadratkilometern breitet sich das Geflecht der Flußarme aus und läßt die Landschaft wie von Wasseradern durchzogen erscheinen. Erst hier wird klar, wie gelungen die Bezeichnung "europäischer Amazonas" ist. Die Flußniederungen der Narew und Biebrza sind aber auch die Heimat der dort lebenden Menschen. Sie sind durch die extensive und nachhaltige Form der Landwirtschaft mitverantwortlich für den Naturreichtum in diesem Gebiet. In Zukunft

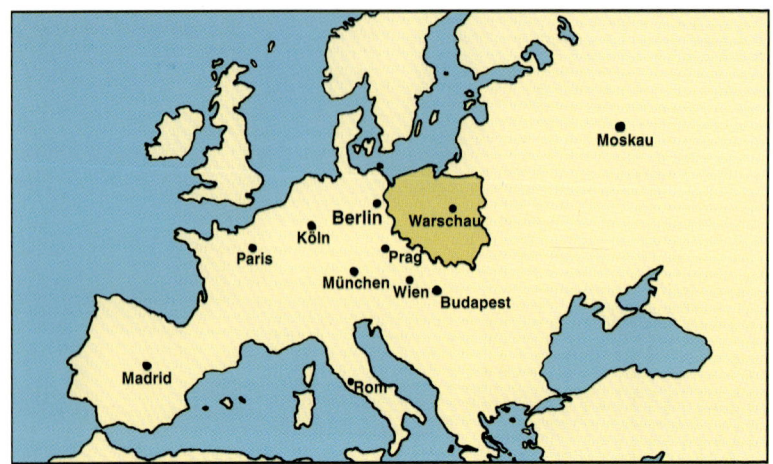

stellt sich die Aufgabe, dieses Naturerbe zu bewahren – zum Wohle für die Menschen und die Natur.

Es würde mich freuen, wenn es mir gelingt, mit diesem Buch die Schutzwürdigkeit der Natur im Narew- und Biebrzatal aufzuzeigen, und wenn ich einen kleinen Eindruck von diesem Gebiet vermitteln könnte – wobei ich mir schon jetzt bewußt bin, daß dieser Eindruck hinter der Wirklichkeit weit zurückbleiben wird.

Freising, im Sommer 1996

Oben: Lage Polens in Europa.
Unten: Das Narewtal aus der Luft.

Die Podlassische Ebene heute

Das heutige Nordostpolen wird von den Wojewodschaften (Regierungsbezirken) Białystok, Łomża und Suwałki gebildet. Zwischen den Masurischen Seen im Norden, den Ausläufern des Mittelpolnischen Tieflandes im Süden und im Osten angrenzend an Weißrussland gelegen, gehört die Podlassische Ebene zu den am wenigsten besiedelten Gebieten Polens. In der Wojewodschaft Łomża zum Beispiel teilen sich einen Qudratkilometer Fläche im Durchschnitt nur 52 Einwohner, womit dieser Regierungsbezirk hinsichtlich Bevölkerungsdichte den vorletzten Rang in Polen einnimmt. Da es kaum Bodenschätze gibt und Nordostpolen auch als Industriestandort keine große Attraktivität aufweist, leben die Menschen hier außerhalb der wenigen großen Städte von kleinbäuerlicher Landwirtschaft. Dies betrifft beispielsweise in der Wojewodschaft Łomża über 60 Prozent der Bevölkerung. Im Vergleich hierzu liegt diese Zahl in Polen insgesamt unter 30 Prozent und in Deutschland bei rund fünf Prozent. Nach dem zweiten Weltkrieg wurden in Nordostpolen nur wenige Landwirtschaftliche Produktionsgenossenschaften (Kombinate) gegründet. Die weiträumig mit mineralstoffarmen Böden wechselnden Braunerden ermöglichen den Anbau von Kartoffeln und Getreide. Die wechselfeuchten bis nassen Böden in den Flußtälern eignen sich dagegen nur als Weideflächen für Kühe und Pferde sowie zur Heugewinnung. Im Juni leuchten hier und da kleinere Flächen blaublühenden Flachses, Relikte aus der Entstehungsphase der Textilindustrie.

Traditionelle Landwirtschaft in Nordostpolen.

9

Geschichte und Kultur

Die Jahrhunderte der Geschichte haben in diesem Teil Europas viele Kulturen unterschiedlichster Nationalität und Religion zusammengeführt. Schon 200 n. Chr. sind bei dem alexandrinischen Geschichtsschreiber Ptolemeus die Jaćwingowie erwähnt, die das Gebiet nördlich der Biebrza bewohnten. Dieses aus dem Baltikum stammende Volk bildete erst im 13. Jahrhundert einen feudalen Staat und führte häufig Kriege mit seinen Nachbarn. Das Land verödete und wurde schließlich 1422 zwischen Litauen und dem Deutschen Ritterorden geteilt. Zahlreiche Spuren der Jaćwingowie wie Grabmale, historische Siedlungen und Namen aus dieser Zeit sind im Biebrzatal noch heute zu finden.

Älteste Anzeichen von Besiedlung am Fluß Bug zeugen in Drohiczyn von der Niederlassung russischer Einwanderer. Seit 1237 gehörte die Podlassische Ebene den Ruś Halicka (Russen).

Im 11. und 12. Jahrhundert beginnt die Kolonisation der Mazowieckie, die von Mittelpolen aus in die Gegend von Łomża und Wizna ziehen. Im folgenden Jahrhundert breitet sich diese Volksgruppe über Tykocin und Sambory (historische Siedlungen) bis nach Drohiczyn aus und vermischt sich mit den

10

Links: Orthodoxe Kirche in Białowieża.
Oben: Zeugen der beiden Weltkriege: die
Reste der Bunkeranlage bei Osowiec.

russischen Siedlern. Bis ins 14. Jahrhundert reichen die zahllosen Kriege, die Litauer, Mazowsze, Russen und Rhuten (Ukrainer) untereinander austragen. Anfang des 15. Jahrhunderts werden in einem Friedensvertrag die Sümpfe des Biebrzatales den Litauern zugesprochen, die Gebiete westlich der Biebrza den Mazowiecki. Später greifen auch die Ritter des Deutschen Ordens in das Geschehen ein und dehnen die Grenzen ihres Besitzes bis zu den Flüssen Biebrza und Pisa aus. Das ganze Gebiet wird verwüstet und verödet, neue Kolonisation findet erst wieder im 15. und 16. Jahrhundert statt.

Ausgehend von Mittelpolen intensivieren die Mazowsze die Besiedelung, Wizna, Łomża (1410), Tykocin (1425) und Nowogród (1427) erhalten Stadtrecht. Im Jahr 1520 entsteht die Wojewodschaft Podlasie mit Drohiczyn als Hauptstadt. Auch die Erschließung der

litauischen Urwaldgebiete nimmt im 16. Jahrhundert ihren Anfang. Zahlreiche Königsstädte (Knyszyn, Narew, Jalówka, Lipsk) werden ausgewiesen, und auch die sog. privaten Städte der Großgrundbesitzer und des masowischen Kleinadels vor allem im Narewland wachsen, dazu gehören zum Beispiel Goniądz, Zabludów, Rajgród, Sejny, Grajewo und Waniewo, das 1510 die Stadtrechte erhält und Zölle erheben darf. Durch die privaten Kriege der Magnatenfamilien wechseln auch hier die Städte oftmals die Besitzer.

1569 wird die sogenannte Lubelska-Union zwischen Polen und Litauen gegründet: beide Länder wirtschaften fortan gemeinsam unter demselben König. Die Podlassische Ebene gehört zu Polen, wobei zwei große Gebiete zwischen Supraśl – Wiżajny und dem Urwald von Białowieża dem polnischen König direkt unterstehen. Zum Schutz der Wälder und Tiere dieser Gebiete werden Grenzer angesiedelt, die "osocznicy". Heute sind die so entstandenen Straßendörfer entlang der Grenzen der ehemaligen Jagdgebiete als einmalige Besonderheit in Europa hier anzutreffen (zum Beispiel Ostrów und Nowosady).

Im 16. und 17. Jahrhundert erlebt die Biebrza eine Entwicklung zum wichtigsten Verkehrs- und Handelsweg für Getreide und Holz aus der Region. Unter dem feudalistischen Druck beginnt Ende des 16. Jahrhundert der langsame wirtschaftliche Niedergang dieser Gegenden. Im 17. Jahrhundert leben im ganzen Gebiet noch 300.000 Menschen. Der Krieg mit Schweden führt zum Verfall der Wirtschaft, wobei gerade die hochentwickelten Städte wie zum Beispiel Tykocin in Mitleidenschaft gezogen werden. Lediglich das Narewland im Süden bleibt verschont. In der Nähe von Kurowo ist noch heute ein Befestigungswerk holländischer Art von 1656 zu besichtigen, das die in Tykocin stehenden schwedischen Truppen am Eindringen hinderte. Bis ins 18. Jahrhundert werden immer neue, vor allem private Städte ausgewiesen, darunter Rutki, Suwałki und Białystok, das sich zum Kulturzentrum entwickelt.

1795 erlebt Polen seine dritte Teilung. Die Preußen erhalten den westlichen, Russland den östlichen Part. Durch die günstige wirtschaftliche Lage zu Westeuropa erlangt die preußische Region eine teilweise Autonomie, die beim Aufstand gegen die Russen im Jahr 1831 wieder unterdrückt wird. Auch während des Januaraufstandes 1863 trafen sich in den Sümpfen zahlreiche Rebellen, die größte Gruppe unter Führung des legendären Oberst Konstanty Romotowski "Wawer". In Grzędy erinnert ein hölzernes Kreuz an die Schlachten zwischen russischen Soldaten und polnischen Freiheitskämpfern.

Die zweite Hälfte des 19. Jahrhunderts wird geprägt vom Bau neuer Eisenbahnlinien, die den weitgehenden Untergang der an den Wasserstraßen gelegenen historischen Zentren bedeuten. Der Augustowski-Kanal, der einen weiteren Transportweg von Mittelpolen über Weichsel, Narew und Biebrza zum Njemen und in die Ostsee bieten soll, entsteht. Mit einer Länge von 102 Kilometern und insgesamt achtzehn Schleusen (davon vierzehn heute auf polnischer Seite) wurde er 1824 bis 1839 von General Ignacy Prądzyński erbaut. In Białystok entwickelt sich eine Textilindustrie mit Export nach Rußland. Die alten Städte wie zum Beispiel Wizna, Tykocin und Goniądz verfallen.

In den Jahren 1880 bis 1890 läßt der russische Zar im bereits 1548 gegründeten Osowiec eine Festung zur Verteidigung des einzigen Überganges über die Biebrza errichten, die durch Tunnel und Bunker mehr und mehr gestärkt wird. Als Verbindungsstraße zu den Gebieten jenseits der Narew im Süden wird von Kriegsgefangenen die sogenannte Zarenallee von Osowiec nach Laskowiec gebaut. Nach dem Russisch-Japanischen Krieg 1904 bis 1905 wird die Befestigungsanlage Osowiec modernisiert, aber in den folgenden Weltkriegen fast völlig zerstört. Die Bunkerruinen sind heute noch von der Straße aus zu sehen, allerdings ist das Betreten wegen Einsturzgefahr verboten.

Nach dem Ersten Weltkrieg und der Besetzung des Gebietes durch die Deutschen erholt sich die schwer geschädigte Industrie nur langsam. Die zerstörten Wälder und Ländereien zu bewirtschaften, ist fast die einzige Einnahmequelle der Bewohner. Es entsteht das sog. "Polen B". Im September 1939 findet eine der größten Schlachten Polens im Zweiten Weltkrieg statt. Bei Góra Strękowa kämpfen 700 polnische Soldaten gegen ein deutsches Panzerkorps.

Am 22.06.1941 endet die russische Besetzung während des Zweiten Weltkrieges. Sie läßt eine stark geschädigte

Der Augustowski-Kanal.

polnische Kultur, zerstörte Wirtschaft und verwüstete Wälder zurück. Bis Ende 1944 werden im Zuge erneuter deutscher Besetzung viele Partisanenkämpfe ausgetragen und zahlreiche Dörfer, unter anderem im Urwald von Białowieża, vernichtet. An vielen Stellen in der Umgebung des Biebrzatales trifft man auf charakteristische Schilder mit zwei Schwertern und Lichtern, die Schlachtfelder anzeigen und an das Martyrium der Zivilbevölkerung vor allem im Zweiten Weltkrieg erinnern.

Nach dem Zweiten Weltkrieg leben in Nordostpolen, den heutigen Wojewodschaften Białystok, Łomża und Suwałki, rund 953.000 Menschen. Den Hauptanteil der nicht-polnischen Bevölkerung stellen mit 17 Prozent die Weißrussen neben Litauern, Ukrainern, Juden, Tataren und Deutschen mit Anteilen von je weniger als ein Prozent. Auch heute noch sind die Weißrussen die wichtigste ausländische Nationalität. Viele alte Bauernhäuser im Osten und Südosten zeigen Merkmale der weißrussischen Volkskultur. Allerdings identifizieren sie sich mittlerweile durch die Völkervermischung mehr mit ihrer Religion. So sind in der Wojewodschaft Białystok nahezu 30 Prozent der in Polen lebenden Anhänger der Orthodoxen Kirche beheimatet. Der größte Teil der Bevölkerung Nordostpolens zählt zur römisch-katholischen Kirche (80%). Insgesamt sind hier 29 verschiedene Konfessionen registriert (darunter auch der Islam und der Buddhismus), deren Vielfalt sich anschaulich in den unterschiedlichen Gotteshäusern spiegelt. Sehenswert sind zum Beispiel die Synagoge aus dem 17. Jahrhundert und das jüdische Museum in Tykocin. Aus derselben Zeit ist auch das katholische Kloster mit Barockkirche erhalten.

Die einschneidendsten politischen Veränderungen nach dem Zweiten Weltkrieg erlebte Polen in den achtziger Jahren. Ausgehend von einer Gewerkschaftsbewegung mit Unterstützung der katholischen Kirche entwickelte sich ein unblutiger Volksaufstand, der schließlich das Ende der sozialistischen Herrschaft erzwang und Polen aus dem nach dem Zweiten Weltkrieg festgeschriebenen, direkten Einflußbereich der ehemaligen Sowjetunion löste.

Klima

Aufgrund überwiegend kontinentaler Witterungseinflüsse beginnt der lange, heiße Sommer in Nordostpolen oft schon Anfang Mai. Charakteristisch sind Schönwetterperioden mit starken Temperaturschwankungen. Im Juni beispielsweise wurden tagsüber Temperaturen von bis zu 30° Celsius gemessen, die in den frühen Morgenstunden des folgenden Tages auf 4° Celsius gesunken waren. Mit Abnahme der Temperaturen während der Nacht bildet sich dichter Bodennebel, der die Landschaft bei Windstille in märchenhafte Schleier hüllt.

Dem Sommer voraus geht ein nur kurzer Frühling, und auch der anschließende Herbst dauert nur wenige Wochen. Die jährlichen Niederschläge von 550 – 600 Millimeter fallen hauptsächlich im Juli und zu Beginn des langen, kalten Winters. Doch weiße Weihnacht ist selten geworden und die durchgehende Schneedecke hält wesentlich weniger lang an als noch vor einigen Jahrzehnten. Vielleicht ist auch dies ein Zeichen der globalen Klimaänderung.

In den frühen Morgenstunden verhüllen Nebelschleier die Flußtäler Nordostpolens.

Oben: Das kontinentale Klima Nordost-
polens äußert sich oftmals durch Schnee-
schauer noch im Mai.

Unten: Klimadiagramm der meteorolo-
gischen Station von Osowiec (verändert
nach Walter & Lieth 1960).

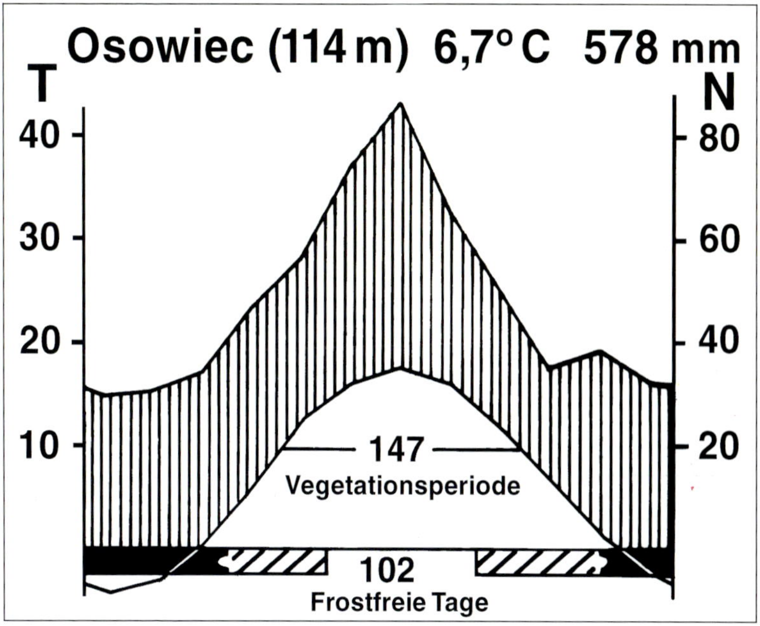

Osowiec (114 m) 6,7° C 578 mm

T

N

40 — — 80

30 — — 60

20 — — 40

10 — — 20

147
Vegetationsperiode

102
Frostfreie Tage

Geologie und Moorbildung

Während es in anderen Teilen des polnischen Flachlandes im Verlauf der letzten Eiszeit durch abfließendes Schmelzwasser zur Ausbildung mehrerer parallel verlaufender Täler kam, existiert im Osten des Landes nur ein einziges von Nordosten nach Südwesten verlaufendes Urstromtal, das von den beiden Flüssen Biebrza und Narew eingenommen wird.

Die geologische Struktur des Biebrzatales ist bestimmt durch Ablagerungen des Quartärs (Pleistozän und Holozän; Beginn vor ca. 1 Mio. Jahre). In großen Teilen des Tales lassen sich Schichten aus allen vier Haupt-Eiszeiten finden. Am deutlichsten ausgeprägt sind dabei Ablagerungen der mittleren Polnischen Eiszeit, die in drei Schichten zu Tage treten. Diese im südlichen Teil anliegenden Schichten wurden im Norden des Biebrzatales von Depositionen der letzten Eiszeit überlagert. Während des gesamten Holozäns wurden diese Ablagerungen durch Erosionsprozesse überformt und es entstand eine große Anzahl unterschiedlicher Oberflächen mit hoher lithologischer (gesteinskundlicher) Vielfalt. Tonig-lehmige Komplexe dominieren in der Region und erreichen Mächtigkeiten von bis zu neunzig Metern. Täler und Zwischenräume füllten sich mit sandig-kiesigen Sedimenten fluvioglazialen Ursprungs, vorwiegend mit mittleren bis groben Sanden mit kiesigem Anteil. Die Mächtigkeit dieser Sedimentschichten kann lokal bis zu zwanzig Meter betragen. Seit Beginn des Holozäns wurde der Untergrund des Tales mit zum Teil bis zu sechs Meter dicken Schichten aus unvollständig zersetztem organischem Material, den Torfen, überlagert. Diese Prozesse dauern in weiten Teilen des Tales noch heute an.

Durch stratigraphische Untersuchungen der Torfablagerungen kann die morphologische Entwicklung des Biebrza-Urstromtales rekonstruiert werden. Wissenschaftler gehen heute davon aus, daß das Tal ein Alter zwischen fünfzehn- und achtzehntausend Jahren aufweist. Die Entstehung des südlichen Beckens liegt wahrscheinlich noch weiter zurück. Die nacheiszeitliche Entwicklung wurde vor allen Dingen durch die sich mehrfach ändernden Klimabedingungen bestimmt. Im Spätglazial vor etwa zehn- bis zwölftausend Jahren kam es erstmalig zu lokalen Torfablagerungen. Unter dem Einfluß der abtauenden Eismassen bildeten sich großflächige Versumpfungsmoore aus. An tiefer gelegenen Stellen entstanden auf stauendem Untergrund Flachgewässer, so daß in der präborealen-borealen Periode vor acht- bis zehntausend Jahren das Tal von vielen kleinen Seen bedeckt war. Durch Ablagerung von Mudden und Halbfaulschlamm, die auf hohen Nährstoff- und geringen Sauerstoffgehalt hinweisen, verlandeten die Gewässer allmählich, und es kam zu einem Ausgleich von Unebenheiten in der Taloberfläche. Diese Entwicklung war vor rund fünftausend Jahren, zum Ausgang des Atlantikums, abgeschlossen. Etwa ab dem Subatlantikum (Beginn vor etwa 2500 Jahren) erfolgte eine erneute Abkühlung und es kam zu einer Erhöhung des Grundwasserspiegels. In weiten Teilen des Beckens, die nicht von direkten Überflutungen betroffen waren, begann die Entwicklung zu Durchströmungsmooren, deren Torfbildung auf einem sich durch den Torfkörper bewegenden Mineralbodenwasserstrom basiert. Während früher Schilfröhrichte, Weidengebüsche und Bruchwälder die vorherrschenden Vegetationsformen waren, kam es nun zur Ausbreitung von Seggenriedern. An der Schichtung der Torfablagerungen läßt sich ablesen, daß etwa ab dieser Zeit Seggentorfe auf bereits vorhandene Röhricht- und Bruchwaldtorfe aufgelagert wurden.

Weite Teile der Biebrza werden von Überflutungsmooren gesäumt, die einst typisch für Unterläufe von Tieflandflüssen waren. Ausschließlicher Wachstumsfaktor für diese Moore ist ein Ansteigen des Grundwasserspiegels, wie es durch die Selbsterhöhung des Flußbettes und die damit verbundene relative Senkung weiter vom Fluß entfernter Teile entsteht. Die Entwicklung der Moore im Biebrzatal ist keinesfalls ein abgeschlossener Prozess, besonders im unteren Becken wachsen die Überflutungs- und Durchströmungsmoore, die größten ihrer Art in Mitteleuropa, noch immer. Durchströmungsmoore sind dabei auf den bereits erwähnten ständigen Grundwasserzufluß aus den Moränenplatten angewiesen. Die Dicke der Torfschichten und deren Verteilung im Tal stellt sich heute recht inhomogen dar. Sie spiegelt jeweils die individuelle Entwicklung der Talabschnitte, die je nach hydrologischen Bedingungen unterschiedlich verlaufen ist, wider. Im oberen Becken überwiegen schwach zersetzte Seggentorfe, die eine Dicke zwischen zwei und fünf Metern aufweisen. Örtlich ist zwischen Torfablagerung und mineralischem Untergrund eine Schicht aus Halbfaulschlamm eingeschoben, die auf die Verlandung von Seen schließen läßt. Im mittleren Becken dominieren Schilftorfe, die 65 Prozent der Fläche einnehmen. Waldtorfe lassen auf das ehemalige Vorkommen von Bruchwäldern auch in diesem Bereich des Tales schließen. Im unteren Becken findet man Bruchwaldtorfe und Seggentorfe unterschiedlicher Dicke.

Im Narewtal ließen die zurückweichenden Gletscher Seiten- und Endmoränen zurück, die zum Teil in Form von querliegenden Sohlschwellen aus Lehm

Katzenkopfsteinpflaster.

den Fluß zurückstauen. Besonders deutlich zeigen sich diese Formationen im Narewtal zwischen Suraź und Żółtki.

Spuren der vergangenen Eiszeiten finden sich auch an Wegen und in den Dörfern. Mächtige, auf ihrem langen Weg von den Eismassen rund geschliffene Findlinge zeugen noch heute von der Verfrachtung ursprünglich skandinavischer Gesteinsmassen nach Mitteleuropa. Lange Zeit wurden sie in das Fundament von Holzhäusern eingebaut und sind in den alten Dörfern noch heute zu sehen. Charakteristisch sind auch die an Feldrändern zusammengetragenen Findlinge. Kleinere Steine selben Ursprungs wurden als Belag für die bei Pferdefuhrwerken und Autofahrern gleichermaßen gefürchteten Kopfsteinpflaster genutzt. Die runde Form dieser Steine hat diesen Wegen die treffende Bezeichnung "Katzenkopfpflaster" ein-

In den Sanddünen beispielsweise südöstlich von Wizna sind aus Feuerstein gefertigte Pfeilspitzen und Klingen häufig zu finden. Diese stammen aus der Mittelsteinzeit (Mesolithikum) und sind somit 7.000 bis 8.000 Jahre alt.

gebracht. Spuren der vergangenen Eiszeit sind auch die Sanddünen entlang der Flüsse. Insbesondere die hier eingelagerten Feuersteine lassen sich zurückverfolgen bis zu den großen Lagerstätten an der Ostsee und in Skandinavien. Die heterogene, also ungleichmäßige Korngröße in den Sanddünen beweist, daß es sich hierbei nicht in erster Linie um Flußablagerungen oder Windverfrachtungen handelt, sondern daß vielmehr Gletscher dieses Material transportiert haben.

Lebensräume

Wasser ist der prägende Faktor in den Flußniederungen der Biebrza und Narew. Die volle Tragweite dieser eigentlich selbstverständlichen und fast banalen Aussage erschließt sich erst, wenn man im Laufe eines Jahres die Wasserstandsveränderungen und den Einfluß auf das umgebende Land verfolgt. Ihre höchsten Wasserstände erreichen die Flüsse in der Regel im April. Dann gleichen zumindest in nassen Jahren weite Teile des Narew- und Biebrzatales einem riesigen See. Alleine im Biebrzatal wird alljährlich ein Fläche von über 400 qkm überflutet. Offene Wasserfläche, soweit das Auge reicht, bis heran an die waldbestandenen Dü-

nen, unterbrochen nur von einzelnen Weiden. Im April beginnt der Wasserstand dann zu sinken. Nach und nach fallen Flächen trocken, zunächst in Form von Inseln, bis sich das Wasser schließlich ins Flußbett zurückzieht.

Das weitere Ablaufen der Wassermassen im Sommer geht wesentlich weniger spektakulär vor sich. Hauptsächlich in den Gräben und Brunnen ist dann zu verfolgen, wie der Wasserspiegel mehr und mehr absinkt, bis schließlich auch die Gräben austrocknen. Erst im Winter wird das Wasser wieder ansteigen, erstarrt vorübergehend zu einer Eisplatte, um bis zum Frühjahr wieder den Höchststand zu erreichen. Die Menschen haben die Form der Landwirtschaft weitgehend an diesen Rhythmus angepaßt. Wo im Frühjahr noch Höckerschwäne und Tüpfelrallen brüten, wird schon wenige Wochen später Heu gemäht.

Biebrza

Die Quelle der Biebrza liegt in Polen, unmittelbar vor der Grenze zu Weißrußland. Auf ihrem 156 Kilometer langen Weg bis zur Mündung in die Narew verläßt die Biebrza das Staatsgebiet Polens nicht. Als zweitgrößter Nebenfluß der Narew entwässert die Biebrza ein Einzugsgebiet von 7.058 Quadratkilometern, wobei das eigentliche Biebrzatal eine Fläche von rund 1.300 Quadratkilometern einnimmt. Hinsichtlich der naturräumlichen Charakterisierung des Biebrzatales fallen insbesondere die in der Flußniederung gelegenen Binnendünen auf. Diese Mineralbodeninseln sorgen für eine außerordentliche Vielfalt abiotischer Bedingungen (Feuchtigkeit, Nährstoffhaushalt, Temperatur usw.) mit einer entsprechend großen Bandbreite verschiedener Pflanzengesellschaften. Innerhalb nur weniger Meter grenzen dauerhaft feuchte Flächen und trocken-heiße Standorte aneinander.

In ihrem Oberlauf ist die Biebrza ein vergleichsweise tief in die Landschaft eingeschnittener, von landwirtschaftlichen Nutzflächen umgebener, kleiner Fluß. Etwa zwölf Kilometer nach der Quelle mündet sie in das Urstromtal. Ab hier gliedert sich die Biebrza in drei Becken: das schmale Nordbecken be-

Hochmoor im Südbecken des Biebrzatales.

20

deckt insgesamt rund 20.000 Hektar. Entlang des Flusses haben sich zahlreiche Hochmoore gebildet. Ausgedehnte, versumpfte Wälder und Röhrichte kennzeichnen das über 40.000 Hektar große Mittelbecken. Diese Gegend wird als Czerwone Bagno ("Rote Sümpfe") bezeichnet.

Im Südbecken, unterhalb der Verengung bei Osowiec, erreicht das Biebrzatal mit rund fünfzehn Kilometern seine größte Breite. Der Fluß verläuft hier entlang einer Dünenkette am Westufer der Niederung. Die ausgedehnten Sumpfflächen östlich des Hauptarmes wurden in großen Teilen noch vor wenigen Jahren landwirtschaftlich sehr extensiv genutzt. Nach alten Beschreibungen waren viele hundert Helfer, die hauptsächlich aus Białystok stammten, wochenlang damit beschäftigt, mit Sensen die großflächigen Seggenwiesen zu mähen. Das Schnittgut wurde in erster Linie als Einstreu in den Viehställen benutzt. Heute findet diese Form der landwirtschaftlichen Nutzung nur noch in kleinen Bereichen statt. An die Seggenbestände

schließen sich verschiedene Waldtypen an, von Sumpfwäldern bis hin zu extrem trockenen Kiefernwäldern auf den Sanddünen. Regelmäßig durch Brand-

durch natürliche Ursachen wie Blitzschlag oder Methanentzündung auftretende Feuer richten in den Kiefernwäldern oftmals große ökonomische Schäden an. Um zumindest Bodenfeuer daran zu hindern, sich großflächig auszubreiten, ziehen die polnischen Forstwirte Feuerschutzgräben durch den Wald.

Bereits vor vierhundert Jahren wurde damit begonnen, durch kleinere Dämme an Nebenflüssen und den Bau von Entwässerungskanälen den Wasserhaushalt des Biebrzatales zu beeinflussen. Der erste bedeutende Eingriff erfolgte mit dem Bau des Augustowski-Kanales. Um die Jahrhundertwende wurden vier weitere Kanäle angelegt. Diese Maßnahmen wirkten sich hauptsächlich auf das mittlere Becken aus. Im Nordbecken wurde zwischen 1933 und 1939 ein großflächiges Entwässerungssystem errichtet, dessen Ausbau nach dem 2. Weltkrieg erfolgte. Heute müssen rund zwei Drittel der Gesamtfläche des Biebrzatales als zumindest teilweise entwässert bezeichnet werden. Aus hydro-

logischer Sicht ist nur noch das restliche Drittel mit Schwerpunkt im Südbecken in ursprünglichem Zustand. Hier gelten noch 56,6 Prozent der Sumpffläche als unbeeinflußt. Im Bagno Ławki ist daher auch die wasserstands- und bodenbedingte, natürliche Zonierung des Flußtales am besten erhalten. Dieser Teil wird als größtes, weitgehend naturnahes Durchströmungsmoor in Mitteleuropa angesehen. Die Vegetationszonierung dieses Flußabschnittes spiegelt die Verhältnisse des Wasserregimes wieder. Nach Dauer und Höhe der Überflutung lassen sich folgende Zonen unterscheiden:

Immersionszone

Die Immersionszone zeichnet sich durch eine alljährliche, andauernde Überflutung aus. Hier dominieren Schilfgesellschaften, Wasserschwaden und Großseggenriede wie zum Beispiel Schlankseggenried und Steifseggenried.

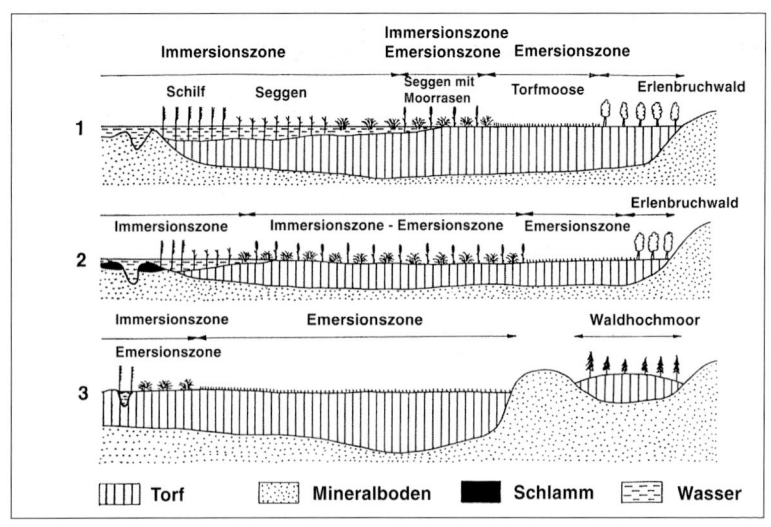

22

Immersionszone-Emersionszone

Der nur selten und für kurze Zeit überschwemmte Gürtel entlang des Flusses wird Immersions-Emersionszone genannt. Hier bestimmen bultenbildende Seggen, vor allem die Schwarzkopfsegge (*Carex appropinquata*), das Bild der Vegetation. Zunehmend treten Braunmoose (v.a. *Calliergon giganteum*) in den Vordergrund. Im Südbecken sind in dieser Zone große Flächen mit Moor-Reitgras (*Calamagrostis neglecta*) bedeckt. In die bultenbildenden Seggen dringen leicht Weiden- (*Salix* spec.) und Birkenarten (*Betula* spec.) ein. Sie formen den nachfolgenden Sumpfbirkenwald.

Emersionszone

Eine Überflutung findet in der Emersionszone nur noch in Jahren mit besonders hohem Wasserstand statt. Allerdings reicht hier das Grundwasser bis an die Moosrasen und ist zusammen mit dem Niederschlagswasser für die hohe Feuchtigkeit verantwortlich. Da der gesamte Wasserkörper kaum bewegt wird, bilden sich sauer- und mineralstoffarme Verhältnisse aus. Besonders angepaßt an diese Bedingungen sind niedrigwüchsige Seggenarten und Braunmoose, die zusammen das Drahtseggenried bilden. Diese Pflanzen entwickeln hier flache Wurzelsysteme, deren Geflecht sich bei starker Hydratation des Torfmoores als geschlossene Decke vom Untergrund abheben kann.

Entlang der Mineralstreifen am Rande des Tales dominiert die Schwarzerle (*Alnus glutinosa*). Erlenbruchwälder schließen die Querzonierung des Biebrzatales ab. Sie werden von Sicker- und Grundwasser, das die lehmigen und lehmig-sandigen Mineralhügel herunterfließt, mit Nährstoffen versorgt. Zusätzlich liefern die in den Erlenwurzeln lebenden, symbiontischen Bakterien

Charakterart der Flußtäler im Frühjahr: die Sumpfdotterblume.

und Strahlenpilze den Bäumen für sie verwertbare Stickstoffverbindungen. Die reiche Nährstoffversorgung spiegelt sich zum Beispiel in den besonders großen Blättern der hier wachsenden Sumpfdotterblumen (*Caltha palustris*) wider, die hier oft doppelt so groß wie auf den Wiesen werden. Im Mittelbekken und Teilen des Czerwone Bagno nimmt der Erlenwald mit Fichte (*Picea abies*) und Loch-Segge (*Carex loliacea*) borealen Charakter an.

Die Vegetation im Südbecken der Biebrza.

Hochmoore

Vor allem an der Peripherie des Biebrzatales haben sich Hochmoore entwickelt: Im Nordbecken in der Nähe der Weichsel-Njemen-Wasserscheide, auf den lokalen Wasserscheiden im Gebiet Czerwone Bagno und an der östlichen Seite des Südbeckens. Kennzeichnend für diese Moore sind Pflanzenarten, die unter oligotrophen Bedingungen wachsen können, wie Torfmoose (*Sphagnum palustre*, *S. girgensohnii* und *S. squarrosum*) und vereinzelte Waldkiefern (*Pinus sylvestris*). Bei fortschreitender

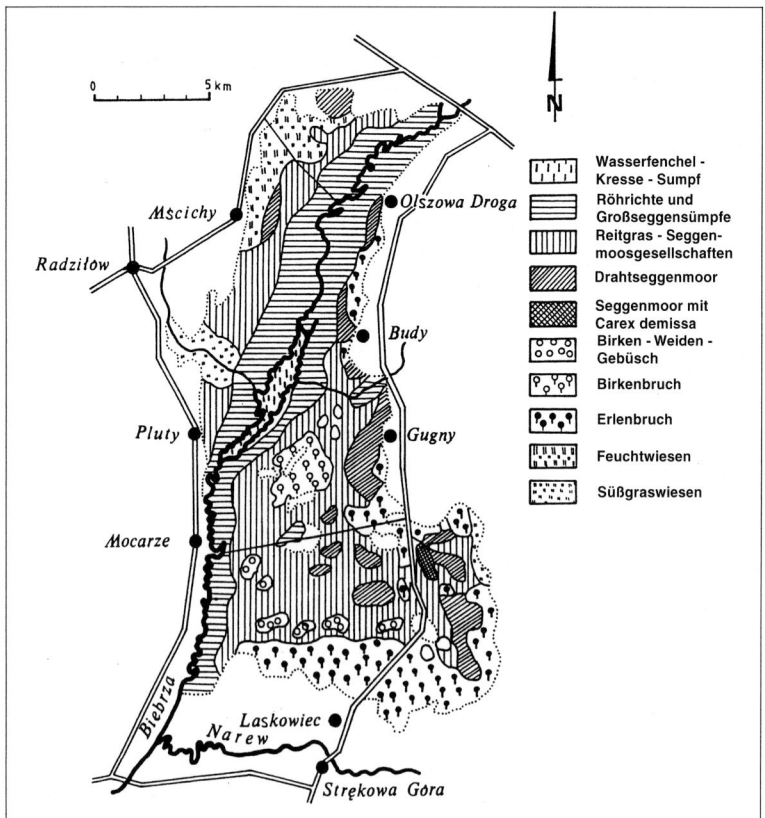

Wasserfenchel - Kresse - Sumpf	
Röhrichte und Großseggensümpfe	
Reitgras - Seggenmoosgesellschaften	
Drahtseggenmoor	
Seggenmoor mit Carex demissa	
Birken - Weiden - Gebüsch	
Birkenbruch	
Erlenbruch	
Feuchtwiesen	
Süßgraswiesen	

Sukzession entstehen hier Kiefern-bruchwälder, wie sie im Mittel- und Nordbecken anzutreffen sind. Kiefern-moorwald kommt im Biebrzatal in zwei Varianten vor: in der einen überwiegen die Rauschbeere (*Vaccinium uligino-sum*) und das Scheidige Wollgras (*Erio-phorum vaginatum*). In der anderen Variante finden wir neben der dominierenden Kiefer auch die Moorbirke und die Grauweide (*Salix cinerea*).

Oben: Gleithang mit Ablagerung (linkes Ufer) und Prallhang mit Abtragung (rechtes Ufer) im Südbecken der Biebrza.
Unten: Die Artenvielfalt des Biebrza- und Narewtales basiert unter anderem auf der engen Verzahnung von Sumpfflächen und extrem trockenen Bereichen.

Trockenstandorte

Die Kiefer kann aber auch auf extrem trockenen Standorten überleben und ist bestandsbildend auf den Sanddünen. Auffällig ist hier der Wacholder (*Junipe-rus communis*) im Unterwuchs. Es handelt sich hierbei nicht um eine Folge früherer Bewirtschaftung, vielmehr ist diese Art hier natürlicher Bestandteil des Waldes. Nach Kahlschlägen und solange die Sanddünen noch in Bewegung sind, ist kein Baumbewuchs möglich. Hier bildet sich die lückige Vegetationsdecke der Sandtrockenrasen aus.

Narew

Die Narew entspringt in Weißrußland, nur wenige Kilometer hinter der polnisch-weißrussischen Grenze und mündet nach rund 460 Kilometern Fließstrecke in Bug und Weichsel. Zusammen mit ihren Nebenflüssen entwässert die Narew den größten Teil Nordostpolens.

Im Mittellauf zwischen den Ortschaften Suraź und Rzędziany durchbricht die Narew mehrere von den Gletschern der letzten Eiszeit quer zu ihrer Fließrichtung aufgeschüttete Endmoränen aus Kies und Lehm. Zwischen den Durchbrüchen, bei denen sich die Flußniederung auf bis zu 250 Meter verengt, erweitert sich der Talgrund auf eine Breite von bis zu 3,5 Kilometer. Hierdurch entsteht im Vergleich zur Biebrza ein vollkommen anderes Flußbild. Dies äußert sich in einer anders gestalteten Querzonierung des Flußlaufes.

Die einzelnen Becken, die eine Fläche von 20.000 bis 30.000 Hektar einnehmen, werden von einem Netz mäandrierender Flußarme durchströmt. Riesige Flächen, die sich zeitweise auf bis zu 7.000 Hektar erstrecken, stehen zum Teil bis zu einem halben Jahr unter Wasser. Die Flußniederung besitzt auf mehr als 40 Kilometer Länge und einer Fläche von rund 10.000 Hektar den für Flüsse seltenen Charakter versumpfter Stauseen. Folgende Reservoire sind zu unterscheiden: Suraź – Bokiny; Bokiny – Topilec; Topilec – Waniewo; Waniewo – Rogówek. Das Gefälle der Narew liegt hier bei unter 0,15 Prozent. Auf einem Kilometer Flußlauf fällt die Narew also um weniger als eineinhalb Meter. Bisher konnten in diesem Abschnitt der Narew insgesamt 183 Vogelarten nachgewie-

sen werden. 145 Arten brüten auch in diesem Gebiet. Erwartungsgemäß handelt es sich hierbei in erster Linie um Feuchtgebietsarten, wobei im Schilf brütende Arten die größte Gruppe stellen. Elche gehören erst seit den siebziger Jahren zur Fauna des Narewtales. Seitdem hat sich ihr Bestand jedoch dauerhaft etabliert. Auffälligste Säugetiere aber sind sicherlich die Biber, deren Burgen in der Narew zum Teil einen Abstand von weniger als 100 Metern haben.

In den siebziger und achtziger Jahren dieses Jahrhunderts wurde die Narew von der Biebrzamündung beginnend auf einer Strecke von 40 Kilometern flußaufwärts kanalisiert und mit Wehren verbaut. Hiervon war zum Teil auch der naturschutzfachlich interessanteste Flußabschnitt zwischen Suraź und Rzędziany betroffen.

Charakteristische Landschaftselemente des Narewtales und von hoher naturschutzfachlicher Bedeutung sind die relieffreien Wiesen östlich von Wizna unterhalb der Biebrzamündung.

Links: Das Wasser der Narew sucht sich seinen Weg.
Oben: Vorfrühling in den Flußtälern Nordostpolens.

Die reiche Oberflächenstruktur führt zur Ausbildung eines kleinräumigen Mosaiks unterschiedlicher Grünlandtypen. Während die höher gelegenen, sandigen Bereiche eher Sandtrockenrasen zuzuordnen sind, finden sich nur wenig tiefer mit Nährstoffen und Feuchtigkeit gut versorgte, ertragreiche Süßgraswiesen. In den Senken dominieren Seggenwiesen (*Carex* spec.), die schließlich von einem Gürtel aus Schilf (*Phragmites australis*), Wasserschwaden (*Glyceria maxima*) und Schachtelhalm (*Equisetum* spec.) entlang der Altarme und Gräben abgelöst werden. Dieses Mosaik, die damit zusammenhängende, unterschiedliche Überflutungsdauer und die extrem zersplitterten Besitzverhältnisse führen dazu, daß die Flächen über einen sehr langen Zeitraum von Ende Mai bis September bewirtschaftet wer-

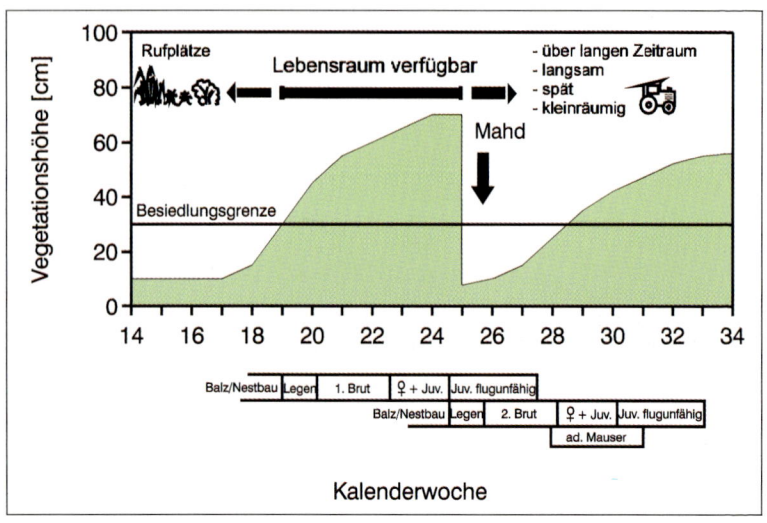

Vegetationshöhe [cm]

Rufplätze
Lebensraum verfügbar
- über langen Zeitraum
- langsam
- spät
- kleinräumig

Mahd

Besiedlungsgrenze

14 16 18 20 22 24 26 28 30 32 34

| Balz/Nestbau | Legen | 1. Brut | ♀ + Juv. | Juv. flugunfähig |

| Balz/Nestbau | Legen | 2. Brut | ♀ + Juv. | Juv. flugunfähig |

ad. Mauser

Kalenderwoche

Oben: Schematische Darstellung der Situation des Wachtelkönigs im Brutgebiet. Durch frühe und gleichzeitige Mahd auf großer Fläche mit schnellen Maschinen verringert sich seine Überlebenschance. Unten: Frisch geschlüpfte Wachtelkönige.

den. Eine ganze Reihe von Vogelarten, die an Feuchtgebiete oder verschiedene Ausprägungen von Dauergrünland gebunden sind, finden hier einen Lebensraum. Zu letzteren zählen Arten wie Kampfläufer, Alpenstrandläufer, Rotschenkel, Uferschnepfe, Bekassine, Doppelschnepfe, Wachtelkönig und Seggenrohrsänger, um nur einige zu nennen. Das lange Bewirtschaftungsintervall der Gesamtfläche bedingt, daß Flächen, die früh im Jahr gemäht werden, zum Zeitpunkt, wenn auf anderen Flächen Gras geschnitten wird, bereits wieder hochgewachsen sind. Arten, die hohe Vegetationsdeckung benötigen, wie zum Beispiel der Wachtelkönig, wird hierdurch ein Überleben ermöglicht. Die kleinen Bewirtschaftungseinheiten lassen nur den Einsatz von lang-

samen Zugmaschinen zu, was die Überlebenschance von noch nicht flüggen Jungvögeln vergrößert.

In krassem Gegensatz zu den hinsichtlich Vegetation, Feuchtigkeit und Relief ausgesprochen abwechslungsreichen Wiesen bei Wizna entlang der Narew stehen die großflächig einheitlichen, monotonen Flächen des angrenzenden Kombinates.

Wizna

Aus der Luft erinnert die Fläche östlich der Ortschaft Wizna an ein Schachbrett: rechte Winkel, kerzengerade Feldwege, parallel verlaufende Gräben. Eine Reißbrettlandschaft, wie sie monotoner kaum vorstellbar ist. Noch vor etwas mehr als dreißig Jahren war dies ganz anders. Damals erstreckte sich ein riesiges, weitgehend unberührtes Durchströmungsmoor, vergleichbar mit dem noch jetzt weitgehend intakten Bagno Ławki im südlichen Biebrzatal, über die genannte Fläche, nur teilweise unterbrochen von kleinen Wiesenparzellen. Mit der Sense oder mit Hilfe von pferdege-zogenen Mähwerken wurde hier nur einmal im Jahr Gras geschnitten, welches als Einstreu in die Viehställe oder Winterfutter Verwendung fand. Ende der fünfziger Jahre aber beschloß die polnische Regierung, die Fläche trockenzulegen und intensiver landwirtschaftlich zu nutzen. Der erste Spatenstich zur Verwirklichung des Großprojektes erfolgte im Jahre 1962. 1964 dann wurde das Kombinat Wizna gegründet. Die Bauarbeiten, an denen sich die örtliche Bevölkerung und das Militär beteiligten, erstreckten sich über acht Jahre. Noch heute besitzt das Projekt die zwei-

"Schachbrett-Landschaft" des ehemaligen Kombinates Wizna.

Das ehemalige Ortsschild.

6.000 Hektar. Hiervon entfielen Anfang der neunziger Jahre rund 4.500 Hektar auf Wiesen, 380 Hektar auf Ackerland und 700 Hektar auf Wälder. Die restlichen Flächen waren von Brachflächen, Straßen, Wegen, Gräben und Gebäuden bedeckt.

Auf einer im Zentrum der landwirtschaftlichen Nutzfläche gelegenen Erhebung erfolgte die Anlage der Ortschaft Grądy-Woniecko. In einer Region, die weitgehend geprägt ist durch kleinbäuerliche Strukturen und alte, über Jahrhunderte gewachsene Dörfer, wurden Wohnsilo-ähnliche Betonklötze für mehrere hundert Familien mit Lebensmittelgeschäft, Kirche, Kindergarten und Schule, sowie ein Hotel für Wanderarbeiter aus dem Boden gestampft.

Die entstandenen Produktionsflächen dienten als Dauergrünland für Rinderzucht und Milchvieh sowie für den Futtermittelexport. Futtergranulat wurde nach England, Österreich, Italien und in die DDR verkauft. Im Gegenzug lieferte zum Beispiel das "VEB Kombinat Fortschritt Landmaschinen" der DDR den aus 150 Traktoren und 25 Mähmaschinen bestehenden Fuhrpark. In den Jahren höchster Produktion zwischen 1975 und 1978 fanden sich 400 festangestellte Mitarbeiter und 200 Saisonarbeiter auf den Gehaltslisten. Sie versorgten unter anderem die über zehntausend Rinder in den Stallungen des Kombinates. Aufgrund politischer Veränderungen und zunehmender Unrentabilität wurde im Dezember 1993 die Auflösung und der Verkauf des Kombinates beschlossen.

Die derzeitigen Vegetationstypen auf dem Gelände des Kombinates Wizna umfassen neben Wäldern und Sonderstandorten, wie zum Beispiel ehemalige Pfefferminzfelder, ein breites Spektrum von ertragreichen Süßgraswiesen bis hin zu nur extensiv genutzten und in manchen Jahren bis in den Sommer hinein

felhafte Auszeichnung, die bisher großflächigste Baustelle in Polen gewesen zu sein. Entwässerungsgräben wurden ausgehoben und hierdurch das gesamte Gebiet weitgehend trockengelegt, Wege geschottert und mit Bulldozern jede Bodenunebenheit aus der Landschaft geschoben. Nach der völligen Beseitigung der Vegetation erfolgte nicht die Ansaat von Grasarten, sondern die Fläche wurde sich selbst überlassen. Die neuen Alleen entlang der Feldwege sollten vor Erosion schützen und als landschaftliche Bereicherung dienen. Auf einigen Parzellen wurde der Wald erhalten beziehungsweise neu angepflanzt. Insgesamt erstreckte sich die Fläche des Kombinates Wizna, so lautete ab nun der neue Name dieses Landstriches, auf fast überfluteten Seggenwiesen. Durch den tiefgreifenden Eingriff in die Landschaft sind zahlreiche Arten verschwunden, doch andererseits hat der betroffene Bereich für eine ganze Reihe von Arten auch eine höhere Attraktivität erhalten.

Polnische Naturschutzverbände, allen voran der PTOP, haben bereits vor mehreren Jahren die große naturschutzfachliche, insbesondere ornithologische Bedeutung des Gebietes erkannt. Die Bestände von Wachtelkönig (*Crex crex*) und Seggenrohrsänger (*Acrocephalus paludicola*), zweier weltweit in ihrem Bestand bedrohter Vogelarten, sind von internationaler Bedeutung. Zwei weitere Vogelarten, die dieser Gefährdungskategorie zuzuordnen sind, der Seeadler (*Haliaeetus albicilla*) und der Schelladler (*Aquila clanga*), erscheinen regelmäßig als Nahrungsgäste. Besondere Beachtung verdienen auch die Vorkommen zahlreicher anderer Vogelarten wie die drei Weihenarten (*Circus* spec.), Wachtel (*Coturnix coturnix*), Großer Brachvogel (*Numenius arquata*) und Uferschnepfe (*Limosa limosa*), um nur die wichtigsten zu nennen. Alljährlich rasten im Frühjahr riesige Schwärme von Zugvögeln, wie zum Beispiel viele tausend Kampfläufer (*Philomachus pugnax*) auf diesen Flächen. Und schließlich findet sich eine große Zahl von Vogelarten, die in der Nähe des ehemaligen Kombinates Wizna brüten, zur Nahrungssuche hier ein.

Häufig ist in den Wiesen der flötende Ruf des Großen Brachvogels zu hören. Im Unterschied zu Uferschnepfen bevorzugen Große Brachvögel trockene Wiesenbereiche. Sie sind etwa im ehemaligen Kombinat Wizna regelmäßig zu beobachten.

Pflanzenwelt

Nur unwesentlich weniger spektakulär als die Tierwelt gestaltet sich die Pflanzenwelt der Biebrza- und Narewniederung. Allerdings liegt die Faszination hier eher im Detail. So findet sich zum Beispiel eine fast unüberschaubare Anzahl von verschiedenen Seggenarten (*Carex* spec.) als Antwort auf die unterschiedlichen abiotischen und biotischen Standortfaktoren wie Wasserstand, Nährstoffhaushalt und Konkurrenz. Die zum Teil sehr ähnlichen Arten und Hybriden haben schon so manchem Botaniker – besonders außerhalb der Blütezeit – bei dem Versuch, Pflanzenmerkmale mit den Angaben in Bestimmungsbüchern zur Deckung zu bringen, die Grenzen aufgezeigt. Hinzu kommt, daß

sich in Nordostpolen nach der letzten Eiszeit zahlreiche boreale Arten erhalten konnten, mit der Folge, daß diese Arten den mitteleuropäischen Pflanzenkundlern oftmals weniger geläufig und in der gängigen Bestimmungsliteratur zum Teil nur am Rande erwähnt sind. Dieser arealkundliche Sonderstatus spiegelt sich auch darin wider, daß die natürliche Verbreitungsgrenze zahlreicher anderer Arten wie Rotbuche (*Fagus sylvatica*) und Bergahorn (*Acer pseudoplatanus*) in Nordostpolen bereits überschritten ist.

In diesem Kapitel können nur exemplarisch einige besonders auffällige, charakteristische oder seltene Pflanzenarten genannt werden.

Nach dem Ablaufen des Hochwassers entfalten in tieferen Altarmen die Gelbe und die Zwerg-Teichrose (*Nuphar lutea* und *Nuphar pumilum*) sowie die Seerose (*Nymphaea alba*) ihre Blätter. Besonders schöne Exemplare dieser Arten finden sich in Altwassern, die nicht vollständig vom Fluß abgeschnitten sind, sondern noch immer langsam durch-

Links: Krebsscherenteppiche sind Lebensraum zahlreicher Tierarten. Oben: Schwarzkopfsegge.

strömt werden. Zwischen den Schwimmblattpflanzen, vor allem auf der dem Land zugewandten Seite, gedeihen mehrere Laichkrautarten (*Potamogeton spec.*) und Wasserpest (*Elodea spec.*). Die zuletzt genannte Gattung wurde im vorigen Jahrhundert aus Amerika nach Europa eingeschleppt und hat sich schnell über ganz Mitteleuropa verbreitet. Seit einiger Zeit ist ein deutlicher Rückgang zu beobachten. Grund hierfür ist ein ebenfalls aus Amerika stammender Fadenwurm (Nematode), der in der Sproßspitze dieser Pflanzen frißt und zu ihrem Absterben führt. Oftmals sind die stehenden Gewässer von einem Teppich der Krebsschere (*Stratiotes aloides*) bedeckt. Aufgrund der Eutrophierung von Gewässern ist diese ehemals häufige Art aus weiten Teilen Mitteleuropas bereits verschwunden. Froschbiß (*Hydrocharis morsus-ranae*) und Wasserlinse (*Lemna spec.*) füllen die Lücken im Blätterteppich aus.

33

Entlang der Ufer erstrecken sich Weiden-Galeriewälder oder ausgedehnte Röhrichtgesellschaften. Meist dominiert hier nur eine Art, das Schilfrohr (*Phragmites australis*), wobei auch Rohrkolben (*Typha latifolia*) oder Seebinse (*Scirpus lacustris*) bestandsbildend sein können. Der auch Großes Mannagras genannte Wasserschwaden (*Glyceria maxima*) weist auf eine reichliche Versorgung mit Nährstoffen hin. Wasserschwaden eignet sich nur im Frühjahr als Viehfutter. Zu dieser Zeit kann aufgrund des in der Regel hohen Wasserstandes jedoch noch nicht gemäht werden. Der später im Jahr geschnittene Wasserschwaden findet nur noch als Einstreu in den Stallungen Verwendung. Allerdings verschwindet diese Nutzungsform mehr und mehr. Dort, wo Weidevieh entlang der Gewässer den schlammigen Boden offen hält, wächst Kalmus (*Acorus calamus*). Als Heilpflanze wurde der Kalmus bereits im 16. Jahrhundert aus Indien nach Europa eingeführt, vermehrt sich bei uns jedoch nur vegetativ über Rhizome. Kühe und Pferde zerreißen mit ihren Hufen die Wurzelstöcke und fördern auf diese Weise die Bildung neuer Pflanzen. Hinzu kommt, daß die Pflanze wegen ihres intensiven Geruchs von Weidetieren nicht verbissen wird und so einen Konkurrenzvorteil vor anderen Röhrichtarten hat. Vor allem im Südbecken der Biebrza wächst auf schlammigen Böden eine weitere Heilpflanze, der Wasserfenchel (*Oenanthe aquatica*) zusammen mit der Wasser-Sumpfkresse (*Rorippa amphibia*).

Die in den tiefer gelegenen Bereichen des Flußtales vorherrschenden Schilfgesellschaften mit einer alljährlich mehrmonatigen Überstauung von einem halben bis einem Meter werden in den flußferneren Überschwemmungszonen (mit langfristigen Wasserständen von 20 bis 40 Zentimetern Höhe) durch Großseggen ersetzt. Angrenzend an die Schilfzone breitet sich das Schlankseggenried, mit der Schlanksegge (*Carex gracilis*) als häufigster Art, aus. Regelmäßige Bestandteile dieser Pflanzengemeinschaft sind der Strauß-Gilbweiderich (*Lysimachia thyrsifolia*) und der ebenfalls gelb blühende Große Hahnenfuß (*Ranuncu-*

lus lingua), die größte mitteleuropäische Hahnenfußart.

Die nächste Zone, das Steifseggenried, wird durch die mannshohen Horste der Steifen Segge (*Carex elata*) gebildet. Auffällig blühen hier nur das Sumpf-Blutauge (*Comarum palustre*) und der Fieberklee (*Menyanthes trifoliata*) mit seinen weißen Blüten und dreizähligen Blättern.

Weiter landeinwärts wird das Steifseggenried von den lockeren Horsten des Drahtseggenrieds abgelöst. Draht-Segge (*Carex diandra*) und Schlamm-Segge (*Carex limosa*) prägen diese Pflanzengesellschaft. Weiterhin kommen Fieberklee, Sumpf-Blutauge, Schmalblättriges Wollgras (*Eriophorum*

Links: Rinder auf ihrem täglichen Weg von der Weide zum Stall.
Oben: Die filigranen Blüten des Fieberklees.

angustifolium) und die in Deutschland seltene Zweihäusige Segge (*Carex dioica*) hier vor. Ein seltenes boreales Florenelement ist die Fadenwurzelige Segge (*Carex chordorrhiza*). Unter den Moosarten sind besonders *Meesia triquetra* und *Bryum neodamense* hervorzuheben, die zusammen mit Karlsszepter (*Pedicularis sceptrum-carolinum*) und Moorsteinbrech (*Saxifraga hirculus*) auftreten. Die Nährstoffarmut in diesem Bereich kompensiert der zu den fleischfressenden Pflanzen gehörende

35

Langblättrige Sonnentau (*Drosera anglica*), indem er sich Mineralstoffe nicht nur über seine Wurzeln, sondern zusätzlich durch die Verdauung erbeuteter Kleintiere, die sich auf den klebrigen Blättern fangen, beschafft. Zwar kann Sonnentau auch ohne diese tierische Nahrung überleben, wissenschaftliche Untersuchungen haben jedoch gezeigt, daß die Blüten- und Samenbildung entscheidend hiervon gefördert wird.

Weiter landeinwärts setzen sich zunehmend Gehölze, in erster Linie verschiedene Weidenarten (*Salix* spec.) sowie Hänge- (*Betula pendula*) und Moorbirke (*Betula pubescens*) durch. Auf basenarmen und meist nährstoffarmen Böden finden sich im Unterwuchs von Kiefernbruchwäldern oligotraphente Pflanzenarten wie Sumpf-Porst (*Ledum palustre*), Moorbeere, Heidelbeere (*V. myrtillus*), sowie Scheidiges Wollgras. Hierbei handelt es sich um eine für Osteuropa typische Waldgesellschaft. Charakteristisch für die nährstoffreicheren und basenreicheren Standorte der Schwarzerlenbruchwälder sind dagegen Pflanzen wie Sumpffarn (*Thelypteris palustris*), Bittersüßer Nachtschatten (*Solanum dulcamara*), Sumpf-Blutauge und Schwarzkopfsegge (*Carex appropinquata*). Weit verbreitet, nicht nur in feuchten Wäldern, sondern auch auf baumfreien Standorten ist im Frühjahr die Sumpfschwertlilie (*Iris pseudoacorus*) mit ihren gelben Blüten. In trokkeneren, schattigen Wäldern bildet der kalkliebende Frauenschuh (*Cypripedium calceolus*) zum Teil große Bestände. Ebenfalls in Wäldern sind die Zweiblättrige Waldhyazinte (*Platanthera bifolia*) und der Dolden-Winterlieb (*Chimaphila umbellata*) zu finden. An Waldrändern und Wegen fällt der Wald-Wachtelweizen (*Melampyrum sylvaticum*) auf, der ebenso wie der nahe verwandte, leuchtend violett und gelbe Hain-Wachtelweizen (*Melampyrum nemorosum*) auf den Wurzeln anderer Pflanzen parasitiert. Die trockenen Sanddünen sind von lokkeren Kiefernwäldern bestanden. Nach Kahlschlägen oder solange der Sand noch in Bewegung ist, bildet sich ein artenreicher Sandtrockenrasen aus. Auf-

fällig beziehungsweise typisch sind hier zum Beispiel der Große Ehrenpreis (*Veronica teucrium*) sowie der Frühlings-Spergel (*Spergula vernalis*).

Die verschiedenen Feuchtwiesen mit ihren mannigfaltigen Pflanzengesellschaften sind Sekundärlebensräume, die in dieser Form und Ausdehnung nur durch Bewirtschaftung erhalten werden. Eine klare Unterscheidung der einzelnen Ausbildungen ist hier nicht immer möglich. Auffällig sind auf wechselfeuchten Standorten die Pfeifengraswiesen mit den Charakterarten Blaues Pfeifengras (*Molinia coerulea*) und Hirsen-Segge (*Carex panicea*). In nasseren Bereichen dominieren Seggen und bilden die charakteristischen Seggenwiesen. Im Frühjahr sind diese fast flächendeckend vom Gelb der Sumpfdotterblumen (*Caltha palustris*) überzogen. Weitere

nennenswerte Arten der Feuchtwiesen sind Moor-Segge (*Carex buxbaumii*), Lungen-Enzian (*Gentiana pneumonanthe*), Trollblume (*Trollius europaeus*), Gemeiner Baldrian (*Valeriana officinalis*) und Mädesüß (*Filipendula ulmaria*). Im näheren Überflutungsbereich der Flüsse, insbesondere entlang der Narew,

finden sich Bestände des Wasserschwadens mit Rohrglanzgras (*Phalaris arundinacea*), Schlanksegge (*Carex gracilis*), Blasensegge (*Carex vesicaria*), Sumpflabkraut (*Galium palustre*), Flußampfer (*Rumex hydrolapathum*), Sumpfschwertlilie, Teichschachtelhalm (*Equisetum limosum*), Breitblättrigem Merk (*Sium latifolium*), Schildehrenpreis (*Veronica scutellata*) und Gemeinem Beinwell (*Symphytum officinale*). In Gräben und Tümpeln in den Feuchtwiesen blüht die Wasserfeder (*Hottonia palustris*). Auf den Wiesen der trockengelegten Flächen dominieren die Wiesen-Fuchsschwanz (*Alopecurus pratensis*), Wiesen-Lieschgras (*Phleum pratense*), Glatthafer (*Arrhenatherum elatius*), mehrere Rispengräser (*Poa spec.*) und Löwenzahn (*Taraxacum spec.*). Hier leuchten auch die bleichrosa bis purpurroten Blüten der Pracht-Nelke (*Dianthus superbus*).

Erst Anfang der neunziger Jahre haben Botaniker das Vorkommen der Schachblume (*Fritillaria meleagris*) im Biebrzatal entdeckt. Sie gehört zu den seltensten Pflanzen Polens und wächst im Biebrzatal an bisher drei bekannten Stellen in der Übergangszone von den Dünen zu den Seggenwiesen.

Das kleinräumige Nebeneinander unterschiedlicher Standortsbedingungen äußert sich beispielsweise auch in der Nachbarschaft von kalkmeidenden Arten wie Arnika (*Arnica montana*) und Keulen-Bärlapp (*Lycopodium clavatum*) und des bereits erwähnten kalkliebenden Frauenschuhs. Zu den häufigsten Orchideen gehören das Fleischfarbige und das Breitblättrige Knabenkraut (*Dactylorhiza incarnata* und *D. majalis*). Diese beiden auffälligen Arten stehen wie zahlreiche andere in Polen unter gesetzlichem Schutz. Aber auch unscheinbare Arten wie der Sprossende Bärlapp (*Lycopodium annotinum*) und der Gemeine Flachbärlapp (*Diphasium complanatum*) oder der Frühlings-Spergel fallen unter diese Kategorie.

Lungenenzian im Birkenbruch.

Die systematische Gattung „Wiesenrauten"(*Thalictrum* spec.) ist mit drei Arten vertreten. Es handelt sich hierbei um die Akelei-Wiesenraute (*Thalictrum aquilegiifolium*), die Gelbe Wiesenraute (*T. flavum*), sowie die Glanz-Wiesenraute (*T. lucidum*).

Weitere bisher nicht erwähnte, interessante Pflanzenarten insbesondere des Biebrzatales sind: Blaue Himmelsleiter (*Polemonium caeruleum*), Zierliches Wollgras (*Eriophorum gracile*), Sumpf-Greiskraut (*Senecio paludosus*), Schwingelschilf (*Scolochloa festucacea*), Niedrige Birke (*Betula humilis*), Lappland-Weide (*Salix lapponum*), Graben-Veilchen (*Viola stagnina*), Norwegisches Fingerkraut (*Potentilla norvegica*) und Moor-Tarant (*Swertia perennis*). Einige dieser Arten werden als Eiszeitrelikte angesehen.

Von besonderer Vielfalt ist weiterhin die Flora der Moose und Flechten. Alleine im Biebrzatal wurden bisher rund 300 Flechtenarten gefunden. Die große Zahl kann als deutliches Zeichen für hohe Luftqualität gewertet werden.

Oben: Kleinere Tümpel werden von der Wasserfeder regelrecht zugewuchert.
Unten: Die Blaue Himmelsleiter zählt zu den selteneren Arten des Biebrzatales.

Tierwelt

Säugetiere

Seit hunderten, vielleicht schon seit tausenden von Jahren greift der Mensch in Wildtierbestände ein. Auf direktem Wege geschah und geschieht dies durch Jagd und Verfolgung, indirekt haben anthropogene Lebensraumveränderungen im weitesten Sinne zu Veränderungen der Tierwelt geführt. Besonders betroffen hiervon sind die Vorkommen großer Pflanzenfresser und Spitzenprädatoren. In den vergangenen Jahrhunderten wurden Auerochse (*Bos primigenius*) und Tarpan (*Equus przewalski caballus*) unwiederbringbar ausgerottet. Wolf (*Canis lupus*), Luchs (*Lynx lynx*), Braunbär

*Der Elch gehört zu den regelmäßig zu beob-
achtenden Säugetierarten des Biebrzatales.
Elche sind ein fester Bestandteil des Natur-
raumes Biebrzatal. Sie können oftmals
schon von der Teerstraße von Laskowiec
nach Osowiec beobachtet werden.*

(*Ursus arctos*), Wisent (*Bison bonasus
bonasus*), Elch (*Alces alces*) und Wild-
katze (*Felis silvestris*) können in Mitteleuropa nur noch an wenigen Stellen angetroffen werden. Ein Nebeneinander
des Menschen mit großen Säugetierarten – für uns eine Selbstverständlichkeit
etwa in afrikanischen Nationalparken –
scheint in Mitteleuropa unmöglich zu
sein. Den Beweis für das Gegenteil liefern die Naturräume Nordostpolens. Mit
etwas Geduld und entsprechenden Be-
obachtungstips, am besten aber mit einem einheimischen Führer, haben Sie in
den ausgedehnten Flußtälern und ursprünglichen Waldgebieten die Möglichkeit, eine Tierwelt zu beobachten,
die in weiten Teilen Mitteleuropas inzwischen verdrängt und ausgerottet
wurde.

Elch

Zu den auffälligsten, beeindruckendsten
und regelmäßig zu beobachtenden
Großsäugern gehört der Elch (*Alces
alces*), der hier, anders als in Rußland
oder Skandinavien, keine riesigen
Schaufeln sondern überwiegend sogenannte Stangen ("Stangenelch", "Stang-
ler") trägt. Zum Teil ist dies eine Folge
des intensiven Abschusses von Schau-
felelchen in der Vergangenheit. Die häufigste Bewegungsweise der Elche ist der
in der Jägersprache "Troll" genannte
Trab. Das Biebrzatal bildet den Verbrei-
tungsschwerpunkt dieses bis zu 500 Kilogramm schweren Paarhufers in Polen.
Während des 1. Weltkrieges wurde der
Bestand in ganz Polen fast völlig ausgerottet. Nur wenige Tiere überlebten im
1926 ausgewiesenen Schutzgebiet
"Czerwone Bagno" ("Rote Sümpfe").
Nach dem 2. Weltkrieg wurde dieses
Schutzgebiet auf 2.172 ha erweitert und
Elche zugleich streng geschützt. Eine
Zählung hauptsächlich aus Kleinflug-
zeugen ergab in den siebziger Jahren in
der gesamten Biebrzaniederung einen

Bestand von 870 Tieren. 1976 wurde daraufhin die Jagd auf Elche in Polen wieder zugelassen. Durch intensiven Abschuß schmolz die Zahl Anfang der achtziger Jahre auf etwa 770 Tiere zusammen, lag 1983 bei nur noch 650 Tieren und erreichte 1985 mit 500 Exemplaren einen Tiefststand. Die Elchpopulation erholte sich in der Folgezeit vorübergehend auf 600 Individuen im Jahre 1986. Jagddruck und Wilderei dezimierten die Population in den vergangenen Jahren jedoch wiederum deutlich auf aktuell nur noch 300 bis 350 Elche. Wenig verständlich ist, daß aufgrund von "Forstschäden" im Nationalpark in den vergangenen Jahren weitere Abschüsse genehmigt wurden. Seit wenigen Monaten hat jedoch offensichtlich bei den Verantwortlichen ein Umdenken in dieser Frage eingesetzt, und die Abschußzahlen wurden zumindest gesenkt. Nach den letzten Konzeptionen sollen die Biebrzasümpfe ein Einstandsgebiet für Elche bleiben. Die Bestandsregulierung soll nur durch Abschuß in der Nationalpark-Pufferzone erfolgen. Ein großes Problem stellen noch immer die Wilderer dar.

Elche wechseln in der Biebrzaniederung im Laufe der Saison zwischen verschiedenen Lebensräumen. Im Frühjahr und Sommer halten sich die Tiere einzeln oder in Familienverbänden (Weibchen mit Jungtier) in den offenen, nur spärlich mit Büschen bewachsenen Sumpfflächen auf. Durch Verbiß an den Sträuchern hemmen sie hier die weitere Verbuschung dieser Flächen. Im Herbst zieht der größte Teil der Elche in die an den Sumpf grenzenden Wälder, um hier Zweige und junge Kiefernnadeln, aber auch Triebe von Laubbäumen (insb. Weide *Salix* spec.) zu fressen und so die kalte Jahreszeit zu überstehen. Durch die Sukzession der Vegetation verbringen in den letzten Jahren immer mehr Elche auch den Winter in den Sümpfen.

Viel Glück gehört dazu, Wölfe in freier Wildbahn zu beobachten, da sie sehr scheu sind und Menschen bereits auf weite Entfernung ausweichen.

Wolf

Vor dem 2. Weltkrieg zählten Jäger und Förster in Polen rund 500-600 Wölfe (*Canis lupus*). Ihre Vorkommen konzentrierten sich vor allem im Nordosten, Osten und Süden des Landes. Die ausbleibende Bejagung während des Krieges ließ den Wolfsbestand bis auf rund 1.000 Tiere im Jahre 1948 ansteigen. Im Anschluß daran wurde dem Wolf in ganz Europa wieder intensiv nachgestellt. Hierdurch verringerte sich der Bestand zum Beispiel in Polen auf etwa 100 Tiere Ende der Sechziger Jahre. Das Gebiet der Biebrzaniederung durchstreifen heute nur noch wenige Wölfe. Durch konsequenten Schutz der Tiere könnte der Bestand in diesem Gebiet deutlich angehoben werden. Der bereits bestehende gesetzliche Schutz ist eine wichtige Voraussetzung hierfür. Von mindestens ebenso großer Bedeutung aber ist die Anhebung der Akzeptanz in der Bevölkerung. Noch immer fällt ein großer Teil der Wölfe Wilderern zum Opfer. Die Wölfe in der Biebrzaniederung ernähren sich zumindest im Winter in erster Linie von Rothirschen und Elchen. Im Sommer weichen sie auf kleinere Beutetiere aus.

Nur wenigen Besuchern ist es vergönnt, Wölfe in freier Wildbahn beobachten zu können. Häufiger finden sich während schneereicher Winter die Spuren der sehr laufaktiven Tiere. Wem dies im Biebrzatal nicht gelingt, der sollte einen Abstecher in den Urwald von Białowieża machen. Das Auffinden zumindest von Wolfsspuren kann hier garantiert werden.

Luchs

Als große Rarität muß der Luchs (*Lynx lynx*) im Narew- und Biebrzatal bezeichnet werden. Nur selten durchwandern einzelne Tiere dieses Gebiet. Die nächsten, größeren Bestände leben im Urwald von Białowieża sowie in den angrenzenden Waldflächen Weißrußlands.

Wie der Wolf verraten auch Luchse ihre Anwesenheit meist nur durch Spuren im Schnee oder Schlamm.

Biber

Ehemals waren Biber (*Castor fiber*) in den europäischen Flußtälern weit verbreitet. Sie fällten Bäume, legten Dämme an, überfluteten ganze Talabschnitte und veränderten so durch ihre Lebensweise die Landschaft oftmals sehr grundlegend. Der steigende Wasserstand oberhalb von Biberdämmen führte zum Absterben der Wälder. Sobald aber die Dämme brachen, blieben große Schlammflächen zurück, zumindest vorübergehend frei von Baumbewuchs. Der Volksmund nennt derartige Flächen "Biberwiesen". Für zahlreiche Offenlandarten, zum Teil wohl auch für wiesenbrütende Vogelarten, entstanden so immer wieder geeignete Lebensräume, auch in ansonsten weitgehend bewalde-

ten Landschaften. Die ehemalige Allgegenwart von Bibern findet ihren Niederschlag in zahlreichen Orts- und Flußnamen. Auch der Name "Biebrza" (früher "Bobra") deutet auf diese Nagetierart hin: die polnische Bezeichnung für Biber lautet "bóbr".

Flußbaumaßnahmen und Bejagung haben den Biber in Mitteleuropa gegen Ende des 19. Jahrhunderts bis an den Rand des Aussterbens gedrängt. Auch aus der Narew und Biebrza war diese als "semiaquatisch" bezeichnete Säugetierart zu Beginn des 20. Jahrhunderts verschwunden. Um diese Tierart in der Biebrza wieder heimisch zu machen, wurden im Jahre 1949 vier aus Rußland stammende Biberpaare in die Kanäle der ehemaligen Zarenfestung in Osowiec

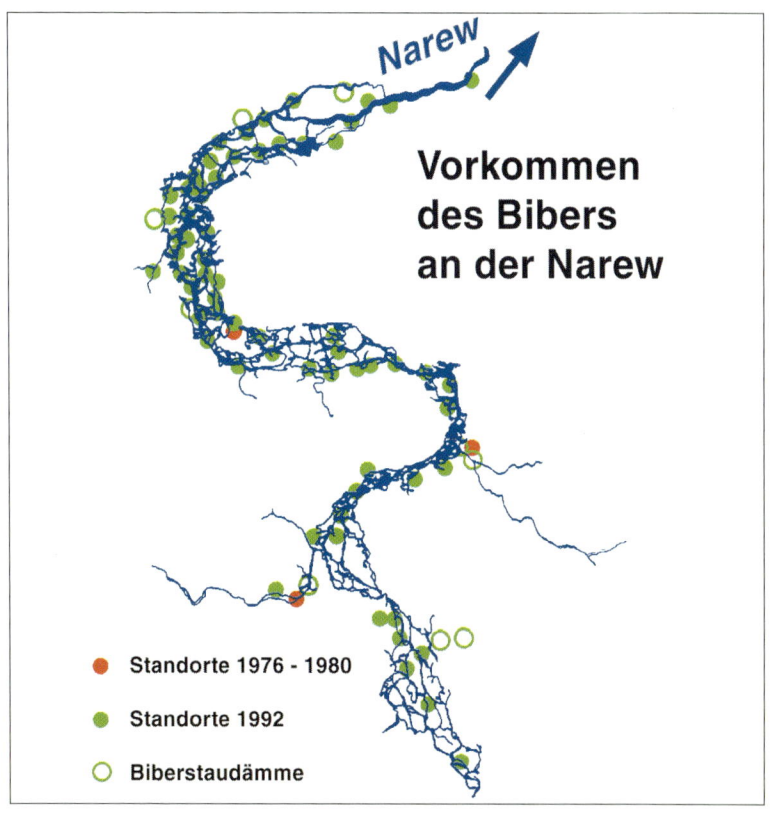

Vorkommen
des Bibers
an der Narew

● Standorte 1976 - 1980

● Standorte 1992

○ Biberstaudämme

ausgewildert. Unterstützt durch gezielte Schutzmaßnahmen ist es den Bibern gelungen, ihren angestammten Lebensraum wieder zurückzuerobern. Mittlerweile gilt diese Art in den Flüssen Narew und Biebrza wieder als zahlreich und ist weiterhin in Ausbreitung begriffen. Ein Vergleich des Biberbestandes in den Jahren 1980 und 1992 in einem Abschnitt der Narew ist in einer Abbildung dargestellt. Seine größte Bestandsdichte erreicht das größte europäische Nagetier zwischen den Ortschaften Topilec und Rzędziany. Die derzeitige Biberpopula-

Zunahme der Biberpopulation im Narewtal (Bestand 1976-1980 und 1992).

tion hat eine Größe erreicht, die es dieser Schlüsselart wieder ermöglicht, gestaltend in die Landschaft einzugreifen. Ein wichtiges Element für die naturnahe Entwicklung von Flußsystemen ist zurückgekehrt.

Ist es schon beeindruckend, vor den in Ausnahmefällen über 50 cm dicken Bäumen zu stehen, die in einer Nacht gefällt wurden, so gehört es wohl zu den bleibendsten Eindrücken einer Reise

45

Bisam und Biber

Ihre semiaquatische Lebensweise ist nur eine der vielen Gemeinsamkeiten von Biber und Bisam. Weiterhin gehören beide Arten taxonomisch zur Ordnung der Nagetiere (*Rodentia*) und beide sind wahre Meister beim Erbauen ihrer Burgen. Für den naturkundlich interessierten Beobachter ist es nicht immer gleich auf Anhieb möglich, die Behausungen beider Arten eindeutig zu trennen. Als Hilfe sind in einer Zeichnung Querschnitte durch typische Burgen von Bisam und Biber schematisch dargestellt.

	Biberburg	**Bisamburg**
Material	kleine Stämme, Äste und Zweige von am Ufer stehenden Birken, Aspen und Weiden; mit Schlamm, verrottendem Pflanzenmaterial und Lehm abgedichtet	Pflanzenmaterial der Umgebung, z.B. Schilf, Seggen, Binsen
Form	variabel	kegelförmig
Höhe	höher als 1,5 Meter	weniger als 1,5 Meter
Breite	an Basis über 2 Meter	an Basis bis 2 Meter
Umgebung	Bruchwald oder Gehölzsäume an Gewässern	meist Schilf

Unterirdische Baue werden von beiden Arten in die Böschungen von Gewässern gegraben. Alle Eingänge befinden sich unter Wasser.

nach Nordostpolen, im fahlen Licht der Morgendämmerung eine Biberfamilie bei ihrem Tun zu beobachten. Wesentlich häufiger als die Tiere selbst sind deren Spuren zu finden. Dies betrifft neben den charakteristischen Fraßspuren die Dämme und Burgen. Die typischen Merkmale von Biberburgen und den Burgen der ebenfalls hier lebenden Bisame (*Ondatra zibethicus*) sind in einer Zeichnung dargestellt.

Rothirsch

Der Rothirsch (*Cervus elaphus*) ist ein vergleichsweise neuer Bewohner der Täler von Biebrza und Narew. Erst seit wenigen Jahren beobachten Wissenschaftler seine Einwanderung in dieses Gebiet. Der Wildbiologe Jan Raczyński von der Universität Białystok konnte nachweisen, daß die Tiere aus mehreren Richtungen gleichzeitig in die Biebrzaniederung vordringen. Die Ursachen für diese neue Entwicklung sind nicht vollständig geklärt. Neben einem Populationsdruck aus angrenzenden Gebieten wird auch ein Absinken des Wasserstan-

des im Biebrzatal als möglicher Auslöser diskutiert. Rothirsche nutzen im Vergleich zu den Elchen trockenere Flächen zur Nahrungsaufnahme und als Einstände. Trotz der hierdurch entstehenden räumlichen Trennung der Vorzugshabitate von Elch und Rothirsch befürchtet Jan Raczyński eine Verdrängung des Elches durch den Rothirsch. Der Wissenschaftler hat beobachtet, daß die Brunftplätze von beiden Arten oftmals identisch sind. Trotz ihrer geringeren Körpergröße gelingt es den weitaus agressiveren Rothirschen, Elche von den Brunftplätzen zu verdrängen. Hierdurch sinkt die Reproduktionsrate der "schüchternen Riesen". Wissenschaftler und Nationalparkverwaltung konnten sich bisher nicht einigen, wie die Entwicklung aus Sicht des Natur- und Artenschutzes zu bewerten ist und welche Maßnahmen ergriffen werden sollen.

Rothirsche gehören erst seit wenigen Jahren zu den regelmäßigen Bewohnern des Biebrzatales. Ihre Ausbreitung könnte auf eine Senkung des Wasserstandes hinweisen.

Fischotter

Der Fischotter (*Lutra lutra*) war bis zum Beginn dieses Jahrhunderts in Europa nahezu flächendeckend verbreitet. Jagddruck, Gewässerverschmutzung und die Zerstörung natürlicher Flußläufe haben dazu geführt, daß er aus großen Teilen seines Areales verschwunden ist und die wenigen verbliebenen Restvorkommen weiter zusammenschmelzen. Lebensraum der Fischotter sind fischreiche Gewässer mit weitgehend bewaldeten Ufern oder Schilfgürteln. Hier jagen sie hauptsächlich nach Fischen, Amphibien und Wasservögeln. Im Narew- und Biebrzatal finden wir individuenreiche Bestände dieser Marderart, ein deutliches Zeichen für die hohe Wasserqualität und die weitgehende Unberührtheit der Lebensräume.

Marderhund, Mink und Bisam

Marderhund (*Nyctereutes procyonoides*), Mink (*Mustela vison*) und Bisam (*Ondatra zibethicus*) haben eine Gemeinsamkeit: Alle drei gehören nicht zur ursprünglichen europäischen Fauna und sind erst im Zuge der Pelztierzucht hierher gelangt. Der aus Ostasien stammende Marderhund wurde im europäischen Teil Rußlands gezielt angesiedelt, um die Tierwelt "zu bereichern" und wirtschaftlichen Gewinn aus den Pelzen zu erzielen. Die ursprüngliche Heimat des Minks, der auch Amerikanischer Nerz genannt wird, liegt in Nordamerika. Amerikanische Nerze wurden früher in großen Teilen Mittel- und Osteuropas in Pelztierfarmen gehalten. Entwichene Tiere bildeten den Grundbestand für die Ausbreitung dieser Art über weite Teile Europas. Minke halten sich bevorzugt an schilfreichen Seen, Flüssen oder Bächen auf. Sie benötigen fischreiche, im Winter weitgehend eisfreie Gewässer mit hoher Wasserqualität. Hier suchen sie ihre aus Fischen, Krebsen, Amphibien und Schnecken bestehende Nahrung. Gelegentlich werden auch Kleinsäuger, Vögel oder Insekten erbeutet. Bereits vor der Einführung des Amerikanischen

Fischotter.

48

Marderhund.

Nerzes ist seine ursprünglich in Mitteleuropa einheimische Geschwisterart, der Europäische Nerz (*Mustela lutreola*), hier ausgestorben. Die Anwesenheit des Minks kann unter Umständen einer der Gründe dafür sein, die eine Wiederansiedelung ausgesprochen schwierig gestalten. In den Flußsystemen der Narew und Biebrza kann der Mink regelmäßig beobachtet werden. Die ersten Individuen des Bisam, einer ebenfalls aus Nordamerika stammenden Nagetierart, wurden im Jahre 1905 in der Nähe von Prag in die freie Wildbahn entlassen. Aussetzungen in großem Maßstab folgten ab dem Jahre 1925 aus pelzwirtschaftlichen Gründen in Finnland und der Sowjetunion. Der Bisam verbreitete sich über große Teile Mittel- und Mittelosteuropas, Finnlands und Rußlands und konnte sich fest etablieren. Versuche, die Art aus wirtschaftlichen oder naturschutzfachlichen Gründen wieder auszurotten, sind fehlgeschlagen.

Wenn Sie nachts auf den Landstraßen Nordostpolens unterwegs sind, sollten sie besonders aufmerksam sein: nicht jeder Schatten, der die Straße überquert ist eine Katze, ein Hund oder ein Fuchs. Regelmäßig sind bei diesen Gelegenheiten auch Marderhunde zu beobachten. Eine Verwechslung mit dem Waschbär (*Procyon lotor*) ist hier nicht möglich. Nach einer vorübergehenden Ansiedlung Mitte dieses Jahrhunderts ist diese Art aus Polen wieder verschwunden.

Weitere Säugetierarten
Bisher konnten 13 Kleinsäugerarten im Narew- und Biebrzatal nachgewiesen werden. Zu dieser Gruppe gehören unter anderem Sumpfmaus (*Microtus oeconomus*), Zwergmaus (*Micromys minutus*), Brandmaus (*Apodemus agrarius*), Zwergspitzmaus (*Sorex minutus*), Waldspitzmaus (*Sorex araneus*) und Wasserspitzmaus (*Nemys fodiens*). Sie sind an die periodischen Wasserstandsänderungen des Gebietes angepaßt und wandern nach den Überflutungen immer wieder

in die Immersionszone ein. Die Sumpfmaus (auch Nordische Wühlmaus genannt) ist in ihrem Vorkommen auf Nordosteuropa beschränkt. Die wenigen mitteleuropäischen Vorkommen sind als Reliktpopulationen anzusehen. Sie meidet intensiv genutztes Kulturland und bevorzugt feuchte, sumpfige Wiesen und Schilfbestände. Eine ähnliche Verbreitung hat die Birkenmaus (*Sicista betulina*). Im Biebrzatal lebt diese Art vor allem an den mit Bäumen und Sträuchern bewachsenen Rändern der Dünen.

Die auch in Nordostpolen vorkommende, ursprünglich in Nordostasien beheimatete Wanderratte (*Rattus norvegicus*) wurde auf Schiffen über nahezu die ganze Welt verbreitet. Sie ist weniger auf menschliche Siedlungen angewiesen und in ganz Europa häufig anzutreffen.

Über die Fledermausfauna der Narew- und Biebrzaniederung liegen nur wenige Untersuchungen vor. Bisher konnten folgende Arten nachgewiesen werden: Großes Mausohr (*Myotis myotis*), Große Bartfledermaus (*Myotis*

Oben: Während der gesamten Nacht ist das wenig scheue Braune Langohr auf Beutefang unterwegs. Das Braune Langohr gehört zu den häufigsten Fledermausarten Nordostpolens.
Unten: Die Brandmaus zählt zu den kleinsten Säugetieren Nordostpolens.

brandti), Teichfledermaus (*Myothis dasycneme*), Wasserfledermaus (*Myotis daubentoni*), Breitflügelfledermaus (*Eptesicus serotinus*), Braunes Langohr (*Plecotus auritus*) und Mopsfledermaus (*Barbastrella barbastrella*).

Erwähnenswert ist noch das Vorkommen des Ostigels (*Erinaceus concolor* oder *Erinaceus roumanicus*). Er wurde früher als Unterart (*Erinaceus europaeus roumanicus)* des Gemeinen Igels (*Erinaceus europaeus*) angesehen, gilt jedoch seit einiger Zeit als eigene Art. Gekennzeichnet ist der Ostigel durch einen weißen Brustfleck, der auch zur Verwendung des Namens "Weißbrustigel" geführt hat.

Oben: Der Ostigel, ein naher Verwandter des Europäischen Igels.
Unten: Mauswiesel leben vor allem in den unterirdischen Gängen von Wühlmäusen.

Vögel

Zweifelsohne liegen der besondere Reiz und die überragende Stellung dieser Region für den zoologischen Artenschutz in ihrer Vogelwelt begründet: 254 Vogelarten konnten bisher – trotz vergleichsweise geringer Beobachtungsintensität – in diesem Gebiet registriert werden, wovon für 190 Arten Brutnachweise vorliegen. Diese Artenvielfalt hat mehrere Ursachen: ein wesentlicher Faktor ist sicherlich die große Ausdehnung zusammenhängender, naturnaher Flächen. Zudem liegen die Flußtäler in einer Region, in der Faunenelemente mehrerer biogeographischer Zonen auf-

einandertreffen: So finden sich Arten mit borealer Verbreitung wie Zwergschnepfe (*Lymnocryptes minimus*), Doppelschnepfe (*Gallinago media*) und Rotdrossel (*Turdus iliacus*), östlich verbreitete Arten wie Schelladler (*Aquila clanga*), Weißflügelseeschwalbe (*Chlidonias leucopterus*), Weißrückenspecht (*Dendrocopos leucotos*), Karmingimpel (*Carpodacus erythrinus*), Sprosser (*Luscinia luscinia*), Zwergschnäpper (*Ficedula parva*), Teichwasserläufer (*Tringa stagnatilis*) und Schlagschwirl (*Locustella fluviatilis*), aber auch wärmeliebende Arten wie Blauracke (*Coracias garrulus*) und Wiedehopf (*Upupa epops*). Die unmittelbare Nachbarschaft von feuchten Flächen in den Senken mit

Links: Flußregenpfeifer, Bewohner der weitgehend vegetationsfreien Sandbänke.
Oben: Seltenste Kleinvogelart der westlichen Paläarktis: der Seggenrohrsänger.

trocken-warmen Standorten auf den Sanddünen und die große Bandbreite verschiedener Vegetationstypen ermöglicht schließlich die räumliche Nachbarschaft in ihrer Habitatwahl so verschiedener Arten wie Sperlingskauz (*Glaucidium passerinum*) und Sumpfohreule (*Asio flammeus*), Seggenrohrsänger (*Acrocephalus paludicola*) und Weißrückenspecht, Heidelerche (*Lullula arborea*) und Doppelschnepfe oder Schwarzspecht (*Dryocopus martius*) und Große Rohrdommel (*Botaurus stellaris*), um nur einige zu nennen. Bei der Durchsicht der Artenliste reiht sich ein Superlativ an den anderen: "wichtigster Brutplatz des Weltbestandes", "wichtigster Brutplatz in Mittel- und Westeuropa", "größte Niedermoorpopulation Mittel- und Westeuropas". Diese Attribute spiegeln die große Bedeutung der Flußtäler für den internationalen Naturschutz wider.

Seggenrohrsänger

Trotz seines unscheinbaren Äußeren kann der Seggenrohrsänger (*Acrocephalus paludicola*) als größte ornithologische Besonderheit des Biebrzatales bezeichnet werden. Der Weltbestand dieser Rohrsängerart wurde bis vor kurzem auf 6.000 bis 18.000 Brutpaare geschätzt. Im Jahre 1995 gelang es einer weißrussisch-deutschen Expedition in Weißrußland mehrere Vorkommen des in diesem Land für ausgestorben gehaltenen Seggenrohrsängers zu finden. Derzeit wird der Weltbestand demnach auf 15.000 bis 27.000 Brutpaare geschätzt, wobei rund 7.000 bis 10.000 Brutpaare (35 – 50 % des Weltbestandes) in Weißrußland leben. In den weißrussisch-ukrainischen Flußtälern Pripjet und Jaselda konzentriert sich mit rund 7.000 bis 12.000 Brutpaaren rund die Hälfte des Weltbestandes. Nahezu ebenso bedeutend ist das Vorkommen des Seggenrohrsängers im Biebrzatal. Die Schätzungen liegen hier bei 3.000 bis 5.000 Brutpaaren. Das Biebrzatal kann somit, trotz der sensationellen Entdek-

kung in Weißrußland, als zweitwichtigstes Brutgebiet dieser seltensten Singvogelart der westlichen Hemisphäre bezeichnet werden. Untersuchungen in den nächsten Jahren sollen Klarheit über die Situation des Seggenrohrsängers in Rußland sowie über die genaue Zahl und Bestandsentwicklung im Biebrzatal bringen.

Für viele Ornithologen, insbesondere aus Großbritannien, ist der Seggenrohrsänger Grund genug, eine Reise in die Sümpfe Nordostpolens zu unternehmen. Noch vor dem Sumpfrohrsänger (*Acrocephalus palustris*) und gleichzeitig mit Drosselrohrsänger (*Acrocephalus arundinaceus*) und dem in den Flußtälern Nordostpolens sehr häufigen Schilfrohrsänger (*Acrocephalus schoenobaenus*) kehren die Seggenrohrsänger aus ihrem afrikanischen Winterquartier ins Brutgebiet zurück. Von anderen Rohrsängern ist der Seggenrohrsänger vor allem durch die drei breiten, gelblichbeigen Überaugen- und Scheitelstreifen sowie durch seinen Gesang zu unterscheiden. Wie Wissenschaftler festgestellt

haben, liegt die Zeit höchster Gesangsaktivität von Mitte Mai bis Mitte Juli in den Abendstunden. Eine Stunde vor bis eine Stunde nach Sonnenuntergang besetzen die Männchen Singwarten und tragen ihren charakteristischen "errr-dididi" Gesang vor. Nur wenige Männchen sind auch während des Tages oder nachts zu hören.

Im Biebrzatal bewohnt der Seggenrohrsänger in erster Linie baum- und gebüschfreie oder nur spärlich mit Büschen bewachsene Seggenriede. Zumindest im Frühjahr weisen derartige Flächen einen hohen Wasserstand auf. Der Seggenrohrsänger teilt sich diesen Lebensraum mit dem Wiesenpieper (*Anthus pratensis*). Die Vorkommen konzentrieren sich besonders im Südbecken der Biebrza-Flußniederung, wobei geeignete Lebensbedingungen sowohl in natürlichen Lebensräumen ("Naturland") wie auch in anthropogen veränderten Bereichen ("extensiv genutzte Seggenwiesen") zu finden sind.

Auch in mehreren nassen Wiesen und Sumpfgebieten des Narewtals konnten in den vergangenen Jahren singende Seggenrohrsängermännchen beobachtet werden. Durch eine geringfügige Veränderung der Vegetationsstruktur könnte es gelingen, die Bestandszahlen in diesem Bereich anzuheben und somit die Überlebenschancen des Seggenrohrsängers weltweit zu vergrößern. Wissenschaftler sind derzeit dabei, ein entsprechendes Schutzprogramm zu erarbeiten.

Kampfläufer

Schenkt man den alten Einwohnern des Narewtales Glauben – und es gibt keinen Grund dies nicht zu tun – haben noch vor wenigen Jahrzehnten alljährlich mehrere Hunderttausende, andere Zeitzeugen sprechen von Millionen, von Kampfläufern (*Philomachus pugnax*) auf ihrem Frühjahrszug in die sibirischen Brutgebiete im Narewtal Rast gemacht. Die überfluteten Wiesen glichen zu dieser Zeit einer Blumenwiese, jede Blüte ein balzender Kampfläufer. Seit damals wurden große Bereiche des Narewtales, etwa in der Gegend um Tykocin, trockengelegt, und mit den Lebensräumen sind auch die einstigen Vogelmassen verschwunden. Dennoch hat das Narewtal, mehr noch als das

Das Relief der flußnahen Wiesen (hier ent-
lang der Narew bei Wizna) zeigt sich am
besten bei ablaufendem Wasser im Frühling
aus der Luft.

Biebrzatal, seine Bedeutung als internationale Drehscheibe für den Vogelzug
behalten, insbesondere im Hinblick auf
Kampfläufer. Noch immer machen viele
tausend, vielleicht mehrere zehntausend
Kampfläufer im April und Mai Halt in
den verbliebenen Naßwiesen und zeigen
ihr imposantes Balzverhalten. Die
Männchen tragen zu dieser Zeit ein
äußerst variables, aufsehenerregendes
Brutkleid mit großen, unterschiedlich
gefärbten Kopfbüscheln und Halskrau-
sen in allen Farbvariationen von Weiß
über Rostbraun bis Schwarz. Diese
Krausen bilden sich im April und fallen
schon im Juni wieder aus. Mehrere
Männchen versammeln sich zur Balz in
sogenannten Arenen. In reliefreichen
Wiesen liegen diese Balzarenen oftmals
auf kurzrasigen, trockenen Bodenwellen inmitten überschwemmter Flächen.
Mit Drohgebärden, Flugangriffen und
Sträuben des auffälligen Hals- und Nak-
kengefieders verteidigen die Männchen
individuelle Platzreviere in der Arena.
Dunkler gefärbte Männchen dominieren
dabei meist über die helleren, als "Satel-
liten-Männchen" bezeichneten Tiere.
Die hellgefärbten Vögel versuchen, aggressiven Begegnungen mit ihren dunk-
leren Geschlechtsgenossen aus dem
Wege zu gehen. Weibchen besuchen die
Arena nur für kurze Zeit, dies jedoch
auch schon auf dem Zug ins Brutgebiet.
In den Arenen kommt es dann zur Kopulation, in großen Arenen meist nur mit
den dominanten Tieren. Anders in kleineren Balzarenen: hier haben auch die
hellen Tiere die Chance, zur Paarung zu
kommen, insbesondere dann, wenn die
dunklen, agressiven, dominanten Männchen kämpfen. Kampfläufer sind poly-
gam ohne feste Paarbindung. Neben der
großen Zahl durchziehender Kampfläufer verbleiben auch einige als Brutvögel
im Gebiet. Der derzeitige Bestand wird
jedoch nur noch auf 50 brütende Weibchen geschätzt. Ein rapider Rückgang ist
seit vielen Jahren zu beobachten. Grund
hierfür ist die Veränderung der Lebensräume durch Trockenlegung, aber auch
durch Nutzungsaufgabe und anschließende Verbuschung. Es besteht die akute
Gefahr, daß der Wappenvogel des Nationalparks Biebrza als Brutvogel in diesem Gebiet ausstirbt.

Weißstorch und Schwarzstorch

Der Weißstorch (*Ciconia ciconia*) ist bereits seit Jahrzehnten eines der Flaggschiffe des deutschen Naturschutzes, was sich auch darin niederschlägt, daß einzelne Horstpaare regelrecht umsorgt werden. Der Bevölkerung Nordostpolens ist die besondere Stellung des Weißstorchs im deutschen Naturschutz kaum verständlich zu machen. Vor allem in den Tälern der Narew und Biebrza gehören Weißstörche als selbstverständlicher Bestandteil zu den Wiesen, Weiden und Dörfern. Es gibt kein auch noch so kleines Dorf, in dem nicht mindestens ein Horstpaar zu finden ist, auf manchen Dächern brüten gleichzeitig drei oder vier Paare. Ihr Klappern ist aus den Dörfern nicht wegzudenken. Charakteristisch sind auch die großen Gruppen der nichtbrütenden Vögel, die sich insbesondere während der Heumahd auf den frischgemähten Flächen konzentrieren. Dort fliegen und laufen sie hinter den Mähmaschinen her, wie wir dies in Deutschland (zumindest im Westen des Landes) nur von Lachmöwenschwärmen kennen, und fressen die von den

Oben: Schwarzstorch.
Unten: Der Weißstorch ist aus den Dörfern Nordostpolens nicht wegzudenken.

Mähwerken verletzten und getöteten oder ihrer Deckung beraubten Amphibien, Insekten, Kleinsäuger und Jungvögel.

Untersuchungen, die im Auftrage der Stork Foundation im Jahre 1995 vom PTOP durchgeführt wurden, zeigten, daß der Bestand des Weißstorches in

Nordostpolen seit Mitte der Siebziger Jahren um ca. 10 – 20 % zugenommen hat. Spezialisten führen dies auf die häufigere Annahme von Leitungsmasten als Nestunterlage zurück. Weiterhin scheint der Weißstorch in der genannten Region seine Nahrungsgewohnheiten verändert zu haben und nun Nahrung verstärkt auch auf trockeneren Flächen aufzunehmen. Eine weitere Ursache könnte in der Verwendung geringerer Mengen von Agrochemikalien in der Landwirtschaft seit etwa Mitte der achziger Jahre liegen.

In einzelnen Dörfern, wie etwa in Sośnia, hat der Brutbestand des Weißstorches im selben Zeitraum jedoch stark abgenommen. Ursache hierfür ist vermutlich nicht in erster Linie der Verlust an Nahrungsflächen oder der Anflug gegen Stromleitungen. Vielmehr ist der Grund im Mangel an geeigneten Nistmöglichkeiten zu suchen. Die ehemaligen Ried- und Schilfdächer werden zunehmend durch Metalldächer ersetzt. Auf dieser glatten Unterlage aber ist es den Störchen nicht möglich, ein Nest zu bauen. Regelmäßig können im Frühjahr

Der Ersatz riedgedeckter Dächer durch Metalldächer nimmt zahlreichen Weißstörchen ihre Nestunterlage.

Vögel beobachtet werden, die tagelang versuchen, in Syssiphusarbeit Horste auf Metalldächern zu errichten, und wie wieder und wieder und wieder das Nistmaterial vom Dachfirst rutscht. Viele Vögel weichen daher auf ungeeignete Nestunterlagen aus und fallen beispielsweise auf Heuhaufen oftmals Füchsen (*Vulpes vulpes*) zum Opfer.

Wesentlich seltener und scheuer als sein weißer Verwandter ist der Schwarzstorch (*Ciconia nigra*). Wie der ebenfalls gebräuchliche Name Waldstorch bereits sagt, brütet diese Art ausschließlich in Wäldern, insbesondere auf dikken, ausladenden Ästen von Eichen und Kiefern, sowie in Erlen- und Birkenbruchwäldern. Auf offenen, feuchten Flächen in der Nähe von Wäldern sind Schwarzstörche oftmals in kleinen Gruppen zu beobachten. Die beste Zeit hierfür ist der Hochsommer, wenn die Jungvögel gemeinsam mit ihren Eltern auf Nahrungssuche gehen.

Adler

Nicht weniger als sechs Adlerarten brüten im Narew- und Biebrzatal. Neben dem recht häufigen Schreiadler (*Aquila pomarina*) kann mit etwas Glück auch der nahe Verwandte, in seinem Erscheinungsbild sehr ähnliche, aber wesentlich seltenere Schelladler (*Aquila clanga*) beobachtet werden. Ebenfalls nur in Einzelpaaren brüten Schlangenadler (*Circaetus gallicus*), Zwergadler (*Hieraaetus pennatus*), Seeadler (*Haliaeetus albicilla*) und Steinadler (*Aquila chrysaetos*) in diesem Gebiet. Das Vorkommen der zuletzt genannten Art im Flachland stellt in Mitteleuropa eine seltene Ausnahme dar. Während des Zuges kann weiterhin der Fischadler (*Pandion haliaetus*) beobachtet werden. Anders als im Osten der Masurischen Seen, brütet dieser im Biebrzatal jedoch nicht. Der Schelladler befindet sich in Nordostpolen am Westrand seiner Verbreitung. Für den Zwergadler ist es eines der nördlichsten Vorkommen. Da Großgreifvögel in verschiedenen Altersklassen in der Regel unterschiedlich gefärbt sind, ist die sichere Bestimmung oft nur für gute Artkenner möglich. Die meisten Brutplätze von Großgreifen, Schwarzstorch und Uhu (*Bubo bubo*) sind den polnischen Naturschützern bekannt. Sie tun aber gut daran, diese Informationen geheim zu halten, um Störungen und Verluste durch Aushorster, Fotographen und Eiersammler zu vermeiden. Die Entnahme von exponiert stehenden, großen Bäumen im Vorfeld der Nationalparkausweisung hat zu einer empfindlichen Verringerung von potentiellen Nistplätzen geführt. Es wird sich zeigen, wie sich diese Maßnahmen auf die Greifvogelbestände auswirken.

Schreiadler.

Weihen

Drei Weihenarten brüten im Narew- und Biebrzatal. Vertreter dieser Greifvogelgruppe sind am leichten Flug mit flach V-förmig gehaltenen Flügeln und langem Schwanz sofort zu erkennen. Die häufigste Art ist die Rohrweihe (*Circus aeruginosus*). Sie bewohnt eine große Bandbreite von Röhricht-Typen. Mit etwas Geduld gelingt es, im Juni zu beobachten, wie das Männchen seine Beute an das Weibchen übergibt. Dieses Schauspiel findet in der Nähe des Nestes statt. Insgesamt seltener, jedoch in einigen Feuchtwiesengebieten wie dem Kombinat Wizna sogar regelmäßiger anzutreffen ist die Wiesenweihe (*Circus pygargus*). In schaukelndem Flug patrouilliert sie über Wiesen, Brachflächen und lockerem Schilf und hält Ausschau nach Beute. Diese besteht aus Vögeln und Kleinsäugern. Im Südteil des Kombinates Wizna hat die hohe Wiesenweihendichte dazu geführt, daß ein mehrere Kilometer langer Feldweg von den polnischen Naturschützern "Wiesenweihenweg" genannt wird. In offenen Moorgebieten brütet als dritte Weihenart die Kornweihe (*Circus cyaneus*). Ihre Bestandszahlen unterliegen jährlichen Schwankungen in Abhängigkeit der Kleinsäugerdichte. Zahlreiche Kornweihen überwintern in den Flußniederungen und sind dann mit einem anderen Wintergast, dem Rauhfußbussard (*Buteo lagopus*), vergesellschaftet.

Seeschwalben

Wenn der Wasserstand im Laufe des Frühjahres allmählich sinkt, finden sich Seeschwalben auf den trockenfallenden Flächen ein. Abhängig vom Wasserstand brüten Weißflügelseeschwalben (*Chlidonias leucopterus*) in manchen Jahren in mehrere hundert Paare zählenden Kolonien auf überfluteten Wiesen- und Seggenflächen. In anderen Jahren ist ihr Bestand wesentlich niedriger. Zaunpflöcke in überschwemmten Wiesen werden oftmals als Sitzwarten genutzt. Weißflügelseeschwalben sind gelegentlich vergesellschaftet mit Weißbartseeschwalben (*Chlidonias hybridus*) und Zwergmöwen (*Larus minutus*) sowie der wesentlich häufigeren Trauer-

Links: Wiesenweihe.
Oben: Weißflügelseeschwalbe.

seeschwalbe (*Chlidonias niger*). Die zuletzt genannte Art brütet in zerstreuten Kolonien im Flachwasser der Sümpfe, wobei die Nester auf Krebsschere (*Stratiotes aloides*) oder anderen schwimmenden Wasserpflanzen angelegt werden. Auf Sand- und Kiesbänken oder im kurzgrasigen Grünland in Flußnähe brüten vereinzelt Zwergseeschwalben (*Sterna albifrons*) und Flußseeschwalben (*Sterna hirundo*).

Wachtelkönig

Die unverwechselbaren, knarrenden "errp errp"-Doppelrufe des Wachtelkönigs (*Crex crex*) gehören zu den auffälligsten Stimmen einer Frühlingsnacht im Narew- und Biebrzatal. Ab Anfang Mai kehren die Vögel aus ihren in Ost- und Südafrika gelegenen Winterquartieren ins Brutgebiet zurück. Kurz nach der Ankunft besetzen die Männchen Rufplätze in Wiesen und trockeneren Sumpfgebieten. Die Männchen rufen jede Nacht sowie unmittelbar nach der Revierbesetzung teilweise auch tagsüber, um die Weibchen auf sich aufmerksam zu machen. Hierbei bilden mehrere Männchen oftmals sogenannte Rufgruppen, um für Weibchen insgesamt auffälliger zu werden. Die Rufe der Vögel sind bei günstigen Bedingungen über einen Kilometer weit zu hören und überziehen nachts oft große Flächen mit einem regelrechten Schallteppich. Kurz nachdem die Weibchen im Brutgebiet eingetroffen sind, verpaaren sich die Vögel, und die Weibchen beginnen mit der Eiablage. Während der Zeit der Verpaarung verringert das Männchen seine nächtliche Rufaktivität, ist jedoch während dieser Phase, vergleichbar mit der Periode der Revierbesetzung, häufiger tagsüber zu hören. Sobald die ersten Eier gelegt worden sind, ruft das Männchen nachts wieder durchgehend, wandert vom Weibchen ab und versucht, sich mit einem anderen Weibchen, meist in einer Umgebung von wenigen Kilometern, noch einmal zu verpaaren. Die Bebrütung des Geleges sowie die Aufzucht der Jungen ist alleine Aufgabe des Weibchens. Bereits nach zwei Wochen werden die Jungvögel selbständig, und die Familie löst sich auf. Kurze Zeit später verpaaren sich viele Weibchen mit neuen Männchen und brüten ein zweites Mal. Junge Wachtelkönige werden erst im Alter von fünf bis sechs Wochen flügge. Späte Mahdtermine, kleinflächige Bewirtschaftungseinheiten und die Mahd großer Bereiche mit der Hand bescherten über lange Zeit den Wachtelkönigen im Narew- und Biebrzatal ausgesprochen günstige Lebensbedingungen und vermutlich eine hohe Reproduktionsrate. Aber auch in dieser Gegend haben in den vergangenen Jahren Kreisel-

Links: Die hohe Vegetationsdeckung entlang von Gräben ist wichtiges Lebensraumelement für Wachtelkönige (Rufplätze!) insbesondere bei ihrer Ankunft im Brutgebiet. Oben: Der Wachtelkönig ist eine weltweit in ihrem Bestand bedrohte Rallenart.

mäher und Agrochemikalien und mit ihnen frühere und einheitlichere Mahdtermine mit schnellen Maschinen Einzug gehalten. Erhebliche Verluste an Gelegen und Jungvögeln bis hin zu einem Totalausfall der Reproduktion sind die unausweichliche Folge. Oftmals werden sogar die erwachsenen Tiere durch Kreiselmäher getötet, insbesondere während der Gefiedermauser, wenn die Vögel über mehrere Wochen flugunfähig sind. Am verlustreichsten gestaltet sich die Situation auf den Wiesen des ehemaligen Kombinats Wizna. Wissenschaftliche Untersuchungen haben gezeigt, daß hier alljährlich mehrere hundert Gelege vernichtet werden. Das ehemalige Kombinat Wizna muß somit als vielleicht größte Wachtelkönigfalle Mitteleuropas bezeichnet werden. Aber auch die Aufgabe der Nutzung, etwa im südlichen

Biebrzatal, führt zu einem Rückgang der Wachtelkönigbestände. Durch die Verfilzung der abgestorbenen Vegetation steigt der Laufwiderstand für die Vögel steil an. Weiterhin sinkt die Großinsektendichte bei Einstellung der Wiesenmahd. Die beiden genannten Faktoren sind Ursache für den Rückgang der Wachtelkönige in den nicht mehr bewirtschafteten Flächen. Da sich die Situation in nahezu allen Ländern seines Verbreitungsgebietes gleicht, mußte diese zu den Rallen gehörende Vogelart auf die Liste der weltweit in ihrem Bestand bedrohten Arten aufgenommen werden. Gezielte Schutzmaßnahmen auf dem Gelände des ehemaligen Kombinats Wizna könnten dazu führen, daß sich hier eine überlebensfähige Population des Wachtelkönigs aufbaut. Polnische und deutsche Wissenschaftler der Royal Society for the Protection of Birds (RSPB) und BirdLife International erarbeiten derzeit die Grundzüge für ein Schutzprogramm, das zum Ziel hat, Landwirten und Wachtelkönigen eine Koexistenz zu ermöglichen.

Tüpfelralle

Der Bestand von Tüpfelrallen (*Porzana porzana*) unterliegt von Jahr zu Jahr erheblichen Schwankungen. Als Bruthabitat kommen seicht unter Wasser stehende Wiesen, Seggenflächen oder andere Sumpfgebiete, sowie lockere Gebüsche oder verlandende Seen und Altwasser in Frage. Entscheidende Voraussetzung ist, daß die Lebensräume flach mit Wasser überstaut sind. In den überschwemmten Bereichen finden die Tiere ausreichend Insekten und deren Larven sowie Schnecken. Ihre Anwesenheit verraten Tüpfelrallen hauptsächlich durch die lauten, bis einen Kilometer weit hörbaren "hüitt"-Rufe der Männchen. Diese etwa im Sekundentakt vorgetragenen Rufe erinnern an das Knallen einer Peitsche und werden von den Männchen nur so lange geäußert, bis sie Weibchen gefunden haben und verpaart sind. In Jahren mit günstigem Wasserstand kann es zu regelrechten Massenvorkommen von Tüpfelrallen kommen. Dann wird diese Art in Teilen des Biebrzatales in der Nacht zum auffälligsten Vertreter der Vogelwelt. Schätzungen des Bestandes belaufen sich auf zehn- bis zwanzigtausend Rufer in günstigen Jahren. Sobald der Wasserstand zu schnell sinkt, verlassen die Vögel das Gebiet wieder und geben dabei auch bereits bebrütete Gelege auf. Andererseits können noch im Juli, wenn etwa nach starken Regenfällen der Wasser-

Links: Die Tüpfelralle verrät sich dem Beobachter meist nur durch ihre Stimme.
Oben: Bekassine mit Jungvögeln.

stand über mehrere Tage oder Wochen ansteigt, Rufplätze besetzt und Eier gelegt werden. In trockenen Jahren brüten nur wenige Prozent der genannten Maximalzahl in den Tälern der Narew und Biebrza. Durch die große Ausdehnung der Feuchtgebiete finden zumindest einige Tüpfelrallen alljährlich geeignete Bedingungen. Seit mehreren Jahren wird beobachtet, daß trotz vergleichbarer Wasserstandsmaxima im Frühjahr das Wasser schneller abläuft und die Überschwemmungsdauer somit kürzer ist. Grund hierfür könnten Drainagemaßnahmen und Flußbegradigungen sein. Sollte sich dieser Trend bestätigen, könnte es zu einem regelmäßigen Ausfall des Bruterfolges kommen. Diese als ökologische Falle zu bezeichnende Situation hätte sicherlich Einfluß auf die Tüpfelrallenbestände auch in einem größeren Umkreis.

Doppelschnepfe und Bekassine

Im Biebrza- und angrenzenden Narewtal liegen die wichtigsten verbliebenen Brutplätze der Doppelschnepfe (*Gallinago media*) in Mitteleuropa. Auf 19 Balzplätzen wurden in der genannten Region im Jahre 1980 insgesamt 370 Männchen gezählt. Die bevorzugten Habitate dieser Art sind baumfreie, feuchte Wiesen oder Seggenflächen. Im Aussehen gleicht die Doppelschnepfe der kleineren Bekassine (*Gallinago gallinago*), hat jedoch einen rundlicheren Körper, einen etwas kürzeren Schnabel und längere Beine. Auffällig ist die doppelte weiße Flügelbinde auf den Armdecken. Doppelschnepfen fliegen im Unterschied zu Bekassinen lautlos auf. Dabei sind auch die weißen äußeren Steuerfedern deutlich zu sehen. Ähnlich wie Kampfläufer versammeln sich auch Doppelschnepfen in oft über viele Jahre traditionell genutzten Balzplätzen. Im April und Mai balzen die Männchen von Sonnenuntergang bis nach Mitternacht. Sie vollführen Flattersprünge und Knibbern mit den Schnäbeln, gefolgt von ei-

ner leisen, zwitschernden Rufreihe. Die Weibchen suchen die Arenen nur zur Kopulation auf und bleiben in der übrigen Zeit Einzelgänger. Der wohl weltweit bekannteste Doppelschnepfenbalzplatz liegt westlich von Barwik im südlichen Biebrzatal. In mehreren Publikationen wurde dieser Balzplatz bereits beschrieben. Jährlich besuchen mehrere hundert Touristen diesen Ort. Solange sie den Feldweg nicht verlassen, sind Störungen weitgehend ausgeschlossen.

Weitaus häufiger als die Doppelschnepfe ist die nahe verwandte Bekassine in den Flußniederungen anzutreffen. Hauptsächlich im April und Mai zeigen die Männchen über Mooren und feuchtem Wiesengelände ihre Balzflüge. Die am Himmel gezogenen Kreise werden immer wieder durch steil nach unten gerichtete Flugphasen unterbrochen. Hierbei spreizen die Vögel die äußeren Steuerfedern ab und erzeugen durch Luftvibrationen ein lautes, mekkerndes Brummen. Im Volksmund werden Bekassinen auf Grund dieses Verhaltens auch "Himmelsziegen" genannt.

Die sogenannte Arenabalz der Doppelschnepfe gehört zu den bleibenden Beobachtungseindrücken einer Reise in die Flußtäler Nordostpolens.

Die Balz besteht weiterhin aus lauten, rhythmischen Rufen, die mit "tick-a, tick-a, tick-a..." beschrieben werden können. Ebenfalls einen Balzflug vollführen die Männchen der wesentlich kleineren Zwergschnepfe (*Lymnocryptes minimus*), deren Stimmen an entfernt galoppierende Pferde erinnern. In der Biebrzaniederung liegen die einzigen mitteleuropäischen Brutplätze dieser eigentlich nordosteuropäischen Schnepfenart. Da die Vögel bereits während des Zuges ins Brutgebiet balzen, kann nicht zuverlässig gesagt werden, ob es sich bei den verhörten Männchen tatsächlich um Brutvögel handelt. Nachweise für regelmäßiges Brüten sind nur schwer zu erbringen und liegen daher nicht vor. Allerdings ist es Ornithologen im Jahre 1977 gelungen, zwei Nester zu finden.

Enten, Gänse und Schwäne

Die günstigste Zeit zur Beobachtung von Enten und Gänsen ist im April und Mai. In diesen Monaten sind insbesondere das südliche Biebrzabecken sowie große Teile des Narewtales überflutet und stellen für eine ganze Reihe von Arten mit tausenden von Individuen einen idealen Rastplatz auf dem Zug in die Brutgebiete dar. Besonders zahlreich sind Pfeifente (*Anas penelope*), Stockente (*Anas platyrhynchos*), Knäkente (*Anas querquedula*), Löffelente (*Anas clypeata*) und Spießente (*Anas acuta*). Alle genannten Entenarten brüten auch in den Flußtälern, mit Ausnahme der Stockente jedoch nur in geringer Zahl. Häufiger ist die Knäkente zu sehen und vor allem zu hören. Der trocken knarrende Ruf der Männchen klingt, als würde man mit dem Nagel über einen Kamm fahren. Die Knäkente bevorzugt als Brutplatz überflutete Wiesen und Gräben. Unter den Gänsen finden wir während des Frühjahrszuges Saatgänse (*Anser fabalis*) und Bläßgänse (*Anser albifrons*), aber auch Zwerggänse (*Anser erythropus*) und Nonnengänse (*Branta leucopsis*). Auch Graugänse (*Anser anser*) brüten seit etwa 20 Jahren im Gebiet. Der derzeitige Bestand wird auf 40 bis 50 Brutpaare geschätzt. Seit mehreren Jahren nisten auch einzelne Singschwäne (*Cygnus cygnus*) im Biebrzatal und einem angrenzenden Fischteichgebiet. Dieses Vorkommen liegt über 1.000 Kilometer südwestlich des geschlossenen Brutgebietes. Ornithologen vermuten, daß die Singschwäne im Winterquartier mit Höckerschwänen (*Cygnus olor*) vergesellschaftet waren und anschließend mit diesen in die Flußtäler Nordostpolens gezogen sind. Höckerschwäne sind in dieser Gegend ausgesprochen häufig anzutreffen.

Ziehende Gänse.

Wiesenbrüter und Rabenvögel

Wiesenbrütende Vogelarten gehörten von jeher zur Vogelwelt der Flußniederungen von Biebrza und Narew. Ihr ursprünglicher Lebensraum waren die primär baum- und buschfreien Standorte zum Beispiel im engeren Einflußbereich der Flüsse sowie in den verschiedenen Mooren. Auch temporär baumfreie Flächen, etwa nach Waldbränden oder Eisgang, spielten mit hoher Wahrscheinlichkeit eine große Rolle. Die landwirtschaftliche Nutzung großer Talabschnitte durch den Menschen führte zur Ausdehnung der Wiesenbrüterflächen. Einschürige Süßgras- und Seggenwiesen, deren Vegetation hauptsächlich als Einstreu in die Viehställe, aber auch als Futterheu genutzt wurde, waren ein idealer Lebensraum für zahlreiche Vogelarten.

Die Bewirtschaftungsformen haben sich in den vergangenen Jahrzehnten deutlich zu Ungunsten der Wiesenbrüter verändert. Auf den noch immer bewirtschafteten Naßwiesen zum Beispiel zwischen Lascowiec und Zajki im süd-

Oben: In ausgesprochen hohen Bestandsdichten brüten Braunkehlchen auf den landwirtschaftlich extensiv genutzten Flächen. Unten: In großer Zahl gelingt es Uferschnepfen, Rabenvögel oder Greifvögel in die Flucht zu treiben.

lichen Biebrzatal oder östlich der Ortschaft Wizna im unteren Narewtal finden wir Uferschnepfe (*Limosa limosa*) und Rotschenkel (*Tringa totanus*) in großer Zahl. Auf den sanften, trockenen und meist kurzrasigen Bodenwellen balzen Kampfläufer und brüten einige Alpenstrandläufer (*Calidris alpina schinzii*). Weitab der Küste stellt das Brutvorkommen der letztgenannten Vogelart eine der zahlreichen ornithologischen Besonderheiten dar. In trockeneren Wiesenflächen ertönt der flötende Balzgesang des Großen Brachvogels (*Numenius arquata*). Hochwüchsige Wiesen schließlich werden von Wachtelkönig und Wachtel (*Coturnix coturnix*) bevorzugt. Die zuletzt genannte Art erscheint von Jahr zu Jahr in sehr unterschiedlicher Zahl und erreicht Maximalzahlen von vielen hundert Brutpaaren. Wie beim Wachtelkönig ist auch bei der Wachtel eine Sichtbeobachtung nur ausnahmsweise möglich. Unverwechselbar ist jedoch das als "Wachtelschlag" bekannte, hauptsächlich während der Abenddämmerung vorgetragene, dreisilbige "Pick per-wick"-Ruf der Männchen. Weit verbreitet in einer größeren Bandbreite von landwirtschaftlich genutzten Lebensraumtypen ist der Kiebitz (*Vanellus vanellus*). Die Ränder von

Rotschenkel brüten oftmals "im Schutze" aggressiverer Arten wie Uferschnepfe und Kiebitz.

Wiesen und Weiden, Böschungen und Wege bieten Lebensraum für Rebhühner (*Perdix perdix*), Schafstelzen (*Motacilla flava*) und Braunkehlchen (*Saxicola rubetra*). Die hohe Bestandsdichte gerade der drei zuletzt genannten Arten läßt erahnen, wie häufig diese Charakterarten einer abwechslungsreichen Kulturlandschaft auch in Deutschland früher waren. In Polen brütet ebenso wie im übrigen Mitteleuropa die Unterart *M. f. flava* der Schafstelze, während *M. f. thunbergi* mit Brutgebiet in Nordeuropa die am häufigsten durchziehende Rasse darstellt.

In den Alleen entlang der Wiesen und Weiden warten Elstern (*Pica pica*) und Nebelkrähen (*Corvus corone cornix*), die östliche Rasse der Aaskrähe (*Corvus corone*), auf einen unbeobachteten Augenblick, um blitzschnell Gelege von Wiesenbrütern zu plündern. Diese Versuche zu verfolgen bedeutet, Zeuge eines Lehrbuchbeispiels für Ökologie und Naturschutz zu werden: Sobald die Rabenvögel die schützenden Baum- und Buschreihen nur um wenige Meter verlassen, steigen Dutzende von Uferschnepfen und Kiebitzen, aber auch Kampfläufer, Rotschenkel und selbst Seeschwalben auf und attackieren den Eindringling. Ohne jede Chance auf Beuteerfolg werden die Rabenvögel zur Flucht gezwungen, offensichtlich nur noch daran interessiert, das eigene Federkleid in Sicherheit zu bringen. Nicht selten werden die Angriffe so beherzt unternommen, daß die Rabenvögel buchstäblich Federn lassen müssen. Nicht weniger konsequent werden Rohr- und Wiesenweihen, Weißstörche und Kraniche (*Grus grus*), Lachmöwen (*Larus ridibundus*) und selbst Stein- und Seeadler in die Flucht geschlagen. Im Schutz der aggressiven Arten brüten auch wehrlosere wie Alpenstrandläufer und Bekassine. Wissenschaftliche Untersuchungen haben gezeigt, daß der Bruterfolg aller Arten von der Anwesenheit und Dichte insbesondere von Uferschnepfen und Kiebitzen abhängt. Einzelne, isolierte Brutpaare unterliegen einem wesentlich höheren Räuberdruck als Wiesenbrüter, die in gemischten Gruppen oft kolonieartig brüten. Verstärkt wird dieser Effekt, wenn die Einzelvögel etwa durch Hunde oder Wanderer von ihren Gelegen verdrängt werden. Für den bundesdeutschen Wiesenbrüterschutz ist aus diesem Beispiel zu lernen, daß nicht primär die Dezimierung von Rabenvögeln, sondern vielmehr die Erhaltung und Schaffung von großflächigen und damit individuenreichen Wiesenbrütergebieten von entscheidender Bedeutung ist. Daß aber auch in Nordostpolen Rabenvögel in der Bevölkerung alles andere als beliebt sind, zeigt der Umgang mit diesen Vögeln. Insbesondere in der Nähe der häu-

Tote Dohle als Vogelscheuche zur Abschreckung von Artgenossen.

figen und oftmals großen Saatkrähen-(*Corvus frugilegus*) und Dohlenkolonien (*Corvus monedula*) werden tote Vögel zur Abschreckung ihrer Artgenossen auf Feldern und in Hühnerhöfen aufgehängt oder angenagelt. Offensichtlich sind aber derartige Maßnahmen alles andere als zielführend.

Vögel der Wälder

Die unzugänglichen Bruchwälder des Biebrzatales sind die Heimat des Kranichs (*Grus grus*). Im April durchdringen ihre trompetenden Rufe die ausgedehnten Sümpfe der Flußniederung. Entlang von Waldrändern und Schneisen ist im Frühling während der Morgen- und Abenddämmerung der Balzflug der Waldschnepfe (*Scolopax rusticola*) zu beobachten. Während des "Schnepfenstrichs" lassen die Männchen eine Serie murrender Töne wie "uorrt" hören ("Quorren"), gefolgt von einem hohen, explosiven Quietschlaut.

Vor der Nationalparkausweisung wurden Waldschnepfen im Biebrzatal intensiv bejagt. Ebenfalls in den feuchten Wäldern brüten Rotdrosseln (*Turdus iliacus*) und Waldwasserläufer (*Tringa ochropus*). Letztere nutzen hierzu alte Drosselnester. In weniger nassen Bereichen leben Zwergschnäpper (*Ficedula parva*), Weißrückenspecht (*Dendrocopos leucotos*) und Grauspecht (*Picus canus*). Waldflächen, in denen Nadelbaumarten vorherrschen, werden von Tannenhähern (*Nucifraga caryocatactes*) besiedelt. Heidelerchen (*Lullula arborea*) und Ziegenmelker (*Caprimulgus europaeus*) schließlich bewohnen die trockenen und lückigen Wälder auf den Sanddünen. Insbesondere in kalten Nächten wärmen sich die auch als Nachtschwalben bezeichneten Ziegenmelker auf Teerstraßen. Hier werden sie oftmals Opfer von Kraftfahrzeugen.

Kraniche brüten in den ausgedehnten Bruchwäldern.

Eulen und Käuze

In weiten Teilen Mitteleuropas sind Felsabbrüche ein wesentlicher Bestandteil von Uhuhabitaten (*Bubo bubo*). Im Biebrzatal dagegen brütet die größte europäische Eulenart nicht in Felsnischen, sondern auf kleinen Bodenerhebungen sowie in ausgedienten Greifvogelhorsten, insbesondere Adlerhorsten im Bruchwald. Der Balzruf der Männchen dringt im Spätwinter und zeitigen Frühling bis zu fünf Kilometer über die Flußniederung. Wesentlich häufiger ist der Waldkauz (*Strix aluco*). Zusammen mit den flüggen Jungvögeln sitzen die Elterntiere oft auf Leitungsmasten und Zaunpfählen entlang von Straßen. Waldrandnahe Bereiche werden von der Waldohreule (*Asio otus*) bewohnt. Die nahe verwandte Sumpfohreule (*Asio flammeus*) schließlich besiedelt offene Röhricht- und Seggenflächen. Ihre Bestandszahlen sind abhängig von der jährlich schwankenden Kleinsäugerdichte und liegen in guten Jahren im Narew- und Biebrzatal bei einigen Dutzend Paaren. Die Vögel sind mehr tag- und dämmerungsaktiv als andere Eulenarten und von daher vergleichsweise leicht zu beobachten.

Sumpfohreulen jagen regelmäßig bereits vor Sonnenuntergang.

Schilfflächen und Fischteiche

Die Schilfflächen im Mittel- und Unterlauf der Biebrza und mehr noch die extensiv genutzten Fischteichgebiete in der näheren Umgebung bieten Brutplätze für die Große Rohrdommel (*Botaurus stellaris*). Nur in Ausnahmefällen gelingt es, die Vögel zu sehen. In der Regel verbergen sie sich im Schutz ausgedehnter Schilfbestände und verraten ihre Anwesenheit nur durch die aufsehenerregende dumpfe Stimme des Männchens. Diese erinnert an ein Nebelhorn und ist bis zu fünf Kilometer weit zu hören. Dieselben Lebensräume bewohnen die Zwergdommel (*Ixobrychus minutus*) sowie das Kleine Sumpfhuhn (*Porzana parva*). Die offenen Wasserflächen nutzen Rothalstaucher (*Podiceps cristatus*) zur Nahrungsaufnahme, während ihre Nester versteckt in der umgebenden Vegetation liegen. Wenn Sie glauben, ein quiekendes Schwein im Sumpf zu hören, handelt es sich um den Ruf einer Wasserralle (*Rallus aquaticus*). Die

Wasserralle.

kleinste europäische Rallenart, das Zwergsumpfhuhn (*Prozana pusilla*), konnte in den Flußtälern der Biebrza und Narew bisher noch nicht zweifelsfrei nachgewiesen werden. Obwohl aus Polen bisher insgesamt nur fünf Beobachtungen dieser Vogelart vorliegen, ist ein zumindest unregelmäßiges Brutvorkommen in den überschwemmten Seggenflächen und Wiesen durchaus vorstellbar. Der Ruf dieser Ralle, über deren Biologie und Ökologie wir nur wenig Kenntnisse besitzen, ist den Rufen von Wasserfrosch (*Rana* spec.) oder männlicher Knäkente ähnlich. Hierdurch ist ein sicherer Nachweis erheblich schwieriger zu erbringen. Auch in diesem Fall sind die hauptamtlich im Biebrza- und Narewtal tätigen Ornithologen weitgehend auf Hinweise von vogelkundlich interessierten und erfahrenen Touristen angewiesen. Um Hinweise bitten der PTOP sowie der Autor.

Die Vogelwelt der Dörfer

Von besonderem Reiz ist die Avifauna der alten Dörfer. Auf den Dächern bauen Weißstörche ihren Horst, und an den Häusern kleben die Nester von Mehlschwalben (*Delichon urbica*). Sie sammeln ihr Baumaterial ebenso wie Rauchschwalben (*Hirundo rustica*) aus Pfützen unbefestigter Wege. In alten, hohlen Bäumen brütet der Wiedehopf (*Upupa epops*). Er findet seine Hauptnahrung, Großinsekten und deren Larven, auf den Böschungen, Wiesen und Weiden um die Dörfer und Einzelhöfe. Dohlen (*Corvus monedula*) versuchen in den Kaminen der Häuser ihre Nester zu bauen. Als Schutz vor einem verstopften Rauchabzug haben die Bewohner oftmals Drahtgitter angebracht. Auffällig ist, daß Amseln (*Turdus merula*) in den Dörfern im Vergleich zu Deutschland sehr selten sind. In den Flußtälern Nordostpolens ist diese Drosselart in erster Linie ein scheuer Waldvogel, und nicht wie in Deutschland ein Bewohner von Siedlungen. Eine Situation also, wie sie in Deutschland noch vor rund hun-

Oben: Wiedehopfe brüten in Höhlen alter Bäume am Rande der Dörfer.
Unten: Der Karmingimpel ist eine Charakterart der offenen bis halboffenen Kulturlandschaft Nordostpolens.

dert Jahren zu beobachten war. Die alten Bäume der Dörfer und Alleen nutzt der Ortolan (*Emberiza hortulana*) als Singwarte. Eine Charakterart der an die Dörfer angrenzenden, halboffenen Kulturlandschaft ist der Karmingimpel (*Carpodacus erythrinus*). Erwachsene Männchen sind an der roten Färbung von Kopf, Brust und Bürzel zu erkennen. Im deutlichen Gegensatz hierzu sind Weibchen und Männchen im zweiten Kalenderjahr oberseits stumpf olivbraun. Ornithologen vermuten, daß es den weibchenfarbenen, sogenannten "grünen Männchen" so gelingt, in den Territorien ihrer älteren Geschlechtsgenossen geduldet zu werden.

Nicht nur die ohnehin im flachen Gelände eher seltenen, natürlichen Sandwände entlang der Flüsse, sondern vor allem die Abbruchkanten in Dünen und in Bodenentnahmestellen im Umgriff um die Dörfer bieten Uferschwalben (*Riparia riparia*) günstige Brutmöglichkeiten. Die Niströhren werden von den Vögeln hier zum Teil in "Wände" mit

Oben: Uferschwalbe.
Unten: Bruttröhren der Uferschwalbe in einem Dünenabbruch bei Wizna.

einer Höhe von weniger als einem Meter gegraben.

Nächtliche Sänger

Vogelkundlich interessierte Touristen brechen oft bereits früh am Morgen, ausgerüstet mit aufwendiger Optik, zu Exkursionen auf. Tatsächlich ist die beste Beobachtungszeit für zahlreiche Vogelarten der frühe Morgen, wenn das Licht zur Nahrungssuche noch nicht ausreicht und die Männchen mit intensivem Gesang versuchen, ihre Reviere zu verteidigen und Weibchen anzulocken. Gerade in den Flußniederungen der Biebrza lohnt es sich aber auch, im April oder Mai eine Nacht im Freien zu verbringen. Die Vielfalt von Stimmen, Gesängen und Rufen macht dies zu einem Erlebnis besonderer Art. Selbstverständlich ist es ein weitgehend anderes Artenspektrum, das die Nacht nutzt, um auf sich aufmerksam zu machen.

Bereits kurze Zeit nach Sonnenuntergang beginnen Tüpfelrallen, Doppelschnepfen und Bekassinen in den offenen Sümpfen und überfluteten Wiesen mit ihrer auffälligen Balz. Kurze Zeit später sind in den weniger nassen Bereichen Wachtelkönige und Wachteln zu hören. Der geschwätzige Gesang des Schilfrohrsängers (*Acrocephalus schoenobaenus*) ist in weiten Teilen der Flußtäler allgegenwärtig. Ein wenig Erfahrung ist notwendig, um die wetzenden Gesänge der Schwirle zu erkennen. Der Laie hält die von Feld-(*Locustella naevia*), Rohr- (*Locustella luscinioides*) und Schlagschwirl (*Locustella fluviatilis*) vorgetragenen Strophen eher für die Lautäußerungen von Insekten. Im nassen, buschbestandenen Gelände trägt das Blaukehlchen (*Luscinia svecica*) seinen Gesang vor. Auffällig ist die intensive nächtliche Rufaktivität des Kuckucks (*Cuculus canorus*). Die vielleicht wohlklingendsten Töne stammen aber von einer äußerlich sehr unscheinbaren Vogelart, dem Sprosser (*Luscinia luscinia*). Nahe verwandt mit der Nachtigall (*Luscinia megarhynchos*), die in Ostpolen ökologisch vom Sprosser ersetzt wird, sind die Stimmen der beiden Ge-

schwisterarten recht ähnlich. "Es ist der Sprosser und nicht die Lerche" hätte Shakespeare wohl seinem Romeo in den Mund gelegt, würde die Szene nicht in Norditalien, sondern in den Flußniederungen von Narew und Biebrza spielen. Akustisch unterlegt und zum Teil übertönt wird die Szenerie durch die Rufe verschiedener Amphibienarten. Das nächtliche Schauspiel neigt sich mit dem Kollern der Birkhühner (*Tetrao tetrix*) dem Ende zu. Noch lange vor Sonnenaufgang versammeln sich die Männchen in Mooren und auf Wiesen weitab der Überschwemmungszone zu ihrer Arenabalz. Mit einem Bestand von rund 180 bis 250 Männchen gehört die Biebrzapopulation zu den größten Vorkommen in Mitteleuropa. Die nächtlichen Stimmen verstummen mehr und mehr, andere Arten treten an ihre Stelle und suggerieren den früh aufgestandenen Ornithologen, daß erst jetzt der Tag beginnt.

Links: Das Blaukehlchen zählt wie der Sprosser zur Familie der Erdsänger.
Oben: Birkhuhnbalz.
Unten: Sprosser, ein naher Verwandter der Nachtigall.

Weitere Vogelarten

Stromleitungen entlang von Straßen werden von Baumfalken (*Falco subbuteo*), Raubwürgern (*Lanius excubitor*) und den ebenfalls in den Flußniederungen brütenden Blauracken (*Coracias garrulus*) als Ansitz- und Jagdwarten genutzt – für ornithologisch interessierte Besucher eine günstige Möglichkeit für die Beobachtung dieser Arten. Die trockenen, sandigen und zum Teil vegetationsfreien Flächen auf erhöhten Dünenrücken insbesondere im südlichen Biebrzatal sind der Lebensraum des Brachpiepers (*Anthus campestris*). Auf einer dieser Flächen konnte im Jahre 1992 sogar ein Brutnachweis für den Triel (*Burhinus oedicnemus*) erbracht werden. Es handelt sich hierbei um eines der nördlichsten Brutvorkommen dieser Art. Im Rahmen einer Untersuchung, die in den Jahren 1992 bis 1994 im Auftrage des PTOP durchgeführt wurde, gelang ein Brutnachweis des Säbelschnäblers (*Recurvirostra avosetta*) an der Narew. Großes Staunen bei den Ornitho-

logen erzeugte die Beobachtung eines singenden Fichtenammermännchens (*Emberiza leucocephalos*) im Jahre 1994 im Biebrzatal. Obgleich dieses Männchen mit einem Goldammerweibchen (*Emberiza citrinella*) verpaart war

Links oben: Blauracken sitzen oftmals auf Stromleitungen entlang von Straßen und halten nach Großinsekten Ausschau.
Links unten: Nur ausnahmsweise brüten Säbelschnäbler entlang der Narew.
Oben: Singschwäne brüten im Biebrzatal weitab ihres geschlossenen Verbreitungsgebietes.

und ein Gelege hatte, sind weitere Brutvorkommen nicht auszuschließen. Da jedoch der Gesang von Fichtenammermännchen mit dem der Geschwisterart Goldammer identisch ist, werden Fichtenammern wohl nur von sehr aufmerksamen Beobachtern entdeckt. Diese sicherlich unvollständige Aufzählung läßt darauf schließen, daß in den Flußtälern der Narew und Biebrza noch mit weiteren ornithologischen Überraschungen zu rechnen ist. Aufgrund der idealen Bedingungen haben einige Arten hier auch weitab ihrer eigentlichen Verbreitungsgebiete die Chance, sich zumindest zeitweise anzusiedeln. Für Meldung sind der PTOP oder der Autor sehr dankbar. Erfahrene Beobachter können dazu beitragen, die Avifauna dieser abgelegenen Flußtäler genauer zu erforschen und die notwendige Grundlage für Schutzmaßnahmen zu erarbeiten.

Reptilien

Die Reptilien Europas gehören zu den eher unauffälligen Tierarten. Ihre versteckte Lebensweise, oftmals in unzugänglichen Habitaten, ihre geringe Bestandsdichte und das Fehlen von Lautäußerungen sind die Hauptursachen hierfür. Die in den ausgedehnten Sumpfgebieten der Narew und Biebrza wohl häufigste Art ist die Ringelnatter (*Natrix natrix*). Sie bewohnt Feuchtgebiete aller Art. Hier jagt sie nach Amphibien und Kleinsäugern und legt meist in verrottendem Pflanzenmaterial ihre Eier ab. Wie die meisten Amphibienarten verrät auch die Ringelnatter ihre Anwesenheit meist erst durch ihre Flucht. Auch bei kurzen Beobachtungen ist sie an den beiden halbmondförmigen, hellen Flekken hinter dem Kopf zu erkennen. Die größte Anzahl von Ringelnattern habe ich an einem der ersten warmen Tage Ende April auf der Straße von Lascowiec nach Osowiec im Osten des südlichen Biebrzatales gesehen. Die Tiere befanden sich auf der Wanderung von den Überwinterungsplätzen in die Sommerlebensräume. Auf der genannten Strecke konnte ich insgesamt 34 (!) Individuen zählen – allesamt überfahren!

Weitaus seltener als die Ringelnatter ist die Kreuzotter (*Vipera berus*). Ihre Vorkommen konzentrieren sich auf Hochmoore und deren Umgebung sowie auf Dünen. Über die Gefährlichkeit ist viel geschrieben worden. Fest steht,

Links: Ringelnattern bei der Paarung.
Oben: Bergeidechse mit Jungen.

daß ein Biß weitgehend ungefährlich ist. Kreuzottern sind lebendgebärend. Die Jungen schlüpfen unmittelbar beim Legen der Eier (Ovoviviparie). Dadurch ist die Kreuzotter in ihrer Fortpflanzung unabhängiger von Witterungsbedingungen und kann auch in Regionen mit rauherem Klima vordringen. Dieselbe Form der Fortpflanzung findet sich bei der Berg- oder Waldeidechse (*Lacerta vivipara*). Weiterhin konnten bisher die Zauneidechse (*Lacerta agilis*) und die ebenfalls zu den Echsen gehörende, beinlose Blindschleiche (*Anguis fragilis*) beobachtet werden. Wenige Nachweise liegen für die Europäische Sumpfschildkröte (*Emys orbicularis*) im Narew- und Biebrzatal vor. Die sich sonnenden Tiere können mit viel Glück auf liegenden Stämmen an Gewässerrändern oder sandigen Ufern angetroffen werden. Europäische Sumpfschildkröten verraten ihre Anwesenheit, wenn sie bei Störung ins Wasser springen. Ihre Nahrung besteht fast ausschließlich aus tierischer Kost, wobei von Kleinkrebsen (Wasserflöhen) und Mückenlarven bis zu Fröschen und Fischen alles verzehrt wird. In der Umgebung des Narew- und Biebrzatales wurden Wiederansiedlungsversuche dieser Tierart unternommen. Alle sicheren Nachweise von Sumpfschildkröten im Gebiet sollten an die Verwaltung des Nationalparkes Biebrzatal gemeldet werden.

Die günstigste Zeit zur Beobachtung von Reptilien ist nicht etwa während der Mittagshitze eines Sommertages, sondern an kühlen, sonnigen Tagen im April und Mai. Dann liegen die Tiere oft stundenlang auf geschützten, sonnenbeschienenen Flächen und "tanken" Wärme. Der Stoffwechsel von wechselwarmen Tieren, und hierzu zählen Reptilien, ist weitgehend abhängig von der Außentemperatur. Hierin liegt die Ursache für das ausgiebige "Sonnenbaden". Bei Kreuzottern scheint die Wärme im Frühjahr wichtig für die Entwicklung der Embryonen zu sein.

Amphibien

Nach den Vögeln sind Amphibien (Lurche) sicherlich die auffälligste Tiergruppe der Flußtäler. Allerdings gilt, daß die meisten Arten regelmäßiger zu hören als zu sehen sind. Bereits im zeitigen Frühjahr, unmittelbar nachdem die Gewässer dauerhaft eisfrei geworden sind, beginnen die Moorfrösche (*Rana arvalis*) mit ihrem Konzert. Laichplätze dieser Art finden sich in Bruchwäldern, Gräben oder überfluteten Seggenbeständen. Die Stimme dieser Braunfroschart klingt, als würde man eine leere Flasche, die sich langsam füllt, unter Wasser tauchen. Zeitgleich mit der ge-

nannten Braunfroschart finden sich der nahverwandte Grasfrosch (*Rana temporaria*) sowie Erdkröten (*Bufo bufo*) in den Laichgewässern ein. Auch sie verraten sich dem kundigen Beobachter durch die während der Laichzeit rufenden Männchen. Nur kurze Zeit später ist das charakteristische "klock klock klock" der Knoblauchkröte (*Pelobates fuscus*) aus den Laichgewässern zu hören. Als grabaktive Art bevorzugt sie sandige Lebensräume und ist daher in erster Linie in der Nähe von Sanddünen zu finden. Die lautesten und damit auffälligsten Vertreter der Amphibien aber sind der Laubfrosch (*Hyla arborea*) und die Kreuzkröte (*Bufo calamita*). Die Rufe dieser beiden Arten erreichen im

April und Mai in überschwemmten Wiesen und Flutmulden oftmals eine Lautstärke, die es schwer macht, andere Arten überhaupt noch zu hören. Kreuzkröten bevorzugen ebenso wie Knoblauchkröten sandige Bereiche. Laubfrösche dagegen finden sich auch in den verkrauteten Altwassern der Flüsse. Im Laufe des Mai sind in den überschwemmten Wiesen immer häufiger die "uuh uuh uuh" Rufe der Rotbauchunke (*Bombina bombina*) zu vernehmen. Die hauptsächlich im Bergland verbreiteten Gelbbauchunken (*Bombina variegata*) kommen dagegen in Nordostpolen nicht vor. Selten ist im Narew- und Biebrzatal auch die Wechselkröte oder Grüne Kröte (*Bufo viridis*) zu finden. Ihr Ruf erinnert an das Trillern von Maulwurfsgrillen (*Gryllotalpa gryllotalpa*) und kann mit diesen leicht verwechselt werden. Nun fehlen noch die Grünfrösche (Kleiner Wasserfrosch *Rana lessonae*, Seefrosch *Rana ridibunda* und Wasserfrosch *Rana esculenta*) und das Amphibienkonzert kann beginnen. Auch erfahrene Herpetologen

("Kriechtierkundler") werden bei einem Spaziergang entlang der überschwemmten Wiesen etwa nahe der Ortschaft Lascowiec im Unteren Biebrzatal verblüfft sein von der Fülle gleichzeitig rufender Amphibienarten. Wenn sich ein Beobachter rufenden Amphibien nähert, stellen diese oftmals ihre Rufaktivität ein. Mehrere Minuten zu warten, reicht in der Regel aus, und das Konzert beginnt von Neuem. Insbesondere Laubfrösche lassen sich aber auch durch kräftiges "in-die-Hände-Klatschen" zum Rufen stimulieren. Im Laufe des Frühsommers verstummen die Arten dann nach und nach und wandern aus den Laichgewässern ab. Nun beginnt der Wettlauf zwischen dem Austrocknen der Gewässer und der Entwicklung der Amphibienlarven. In den verbleibenden Pfützen wimmelt es nur so von Kaulquappen, viele jedoch werden das Rennen verlieren und vertrocknen. Einige jedoch gelangen bis zur Metamorphose und verlassen als sogenannte "Hüpferlinge" das Gewässer. Dieser Teil reicht aus, um auch langfristig den Bestand zu sichern. Die meisten Amphibienarten verlassen nach der Laichzeit die Gewässer. Sie verbringen den Sommer und Herbst in den feuchten Wiesen und Seggenflächen, Gräben, Hochstauden, Büschen oder Bruchwäldern. In warmen, regnerischen Nächten bestehen ausgesprochen günstige Gelegenheiten, die meisten Arten auf den Fahrbahnen von Teerstraßen zu beobachten. Hier konzentrieren sich die Tiere, um sich auf der aufgeheizten Fahrbahn zu wärmen oder um nach Regenwürmern, Schnecken und Insekten zu jagen. Wenn Sie mit einer Taschenlampe auf einer regennassen Nebenstraße entlanglaufen, werden Sie staunen, wie groß die Anzahl von Amphibien hier ist – und wie viele Tiere auch bei geringster Verkehrsdichte überfahren werden.

Der große Arten- und Individuenreichtum der Amphibienfauna im Biebrza- und Narewtal basiert zum einen auf der großen Anzahl verschiedenartiger Gewässer und angrenzender Sommerlebensräume. Ein entscheidender Punkt liegt aber sicherlich auch darin, daß die nur temporär überschwemmten Wiesen und Seggenflächen während der Laich- und Entwicklungszeit der Amphibien weitgehend fischfrei sind. Hierdurch fehlen die wichtigsten Freßfeinde der Amphibien.

Zur Vollständigkeit seien noch Kammolch (*Triturus cristatus*) und Teichmolch (*Triturus vulgaris*) erwähnt. Diese versteckt lebenden Arten sind nur selten zu beobachten. Der Springfrosch (*Rana dalmatina*) konnte im Gebiet bisher nur durch wenige rufende Männchen nachgewiesen werden.

Unten: Die Schreckstellung der Rotbauch-unke wird auch "Unkenreflex" genannt.
Rechts: Die reich strukturierten Flüsse bieten Lebensraum für viele Fischarten.

Fische

Abhängig von Fließgeschwindigkeit, Wassertiefe, Gewässerbreite, Untergrund und Pflanzenbewuchs ist die räumliche Verteilung der insgesamt 36 bekannten Fischarten in Biebrza und Narew. In den jungen Altwässern der Biebrza beispielsweise ist die reichste Fischfauna zu finden. Unter den 16 ständig vorkommenden Arten dominieren Plötze (*Rutilus rutilus*), Rotfeder (*Scardinius erythrophtalmus*), Hecht (*Esox lucius*) und Barsch (*Perca fluviatilis*). In den eutrophierten Altwässern ohne jede Verbindung zum Hauptstrom sind mit fünf bis sieben Arten bereits wesentlich weniger Fische anzutreffen. Vorherrschend sind in diesem Gewässertyp

Schleie (*Tinca tinca*), Karausche (*Carassius carassius*) und Schlammpeizger (*Misgurnus fossilis*). Insgesamt kann die Biebrza zur sogenannten Brachsenregion gerechnet werden, namengebend ist hier die Brachse oder Blei (*Abramis brama*). Neben Plötze und Hecht ist die Quappe (*Lota lota*) am weitesten verbreitet. Die obere Biebrza und ihre mittelgroßen Nebenflüsse beherbergen regelmäßig 15 bis 20 Fischarten, darunter neben den genannten Arten auch Schmerle (*Noemacheilus barbatulus*) und Steinbeißer (*Cobitis taenia*). Im mittleren und unteren Flußabschnitt steigt die Artenzahl auf dreißig an. Repräsentanten sind – außer Plötze, Barsch, Quappe und Hecht – Ukelei (*Alburnus alburnus*), Güster (*Blicca bjoerkna*) und Aland (*Leuciscus idis*). Auch

Arten der Mittelgebirgsflüsse und Bäche des Gebirgsvorlandes kommen hier vor, zum Beispiel Elritze (*Phoxinus phoxinus*), Barbe (*Barbus barbus*) und Fische mit so merkwürdigen Namen wie Nase (*Chondrostoma nasus*) und Hasel (*Leuciscus leuciscus*). Der Aal (*Anguilla anguilla*) ist eher selten. Er wird in den Biebrza-Nebenflüssen, die im Norden des Tales von den umliegenden Seen her einmünden, sehr intensiv gefischt.

Die kleinen Bäche im Biebrzatal bilden aus der Sicht der Fischfauna einen eigenen Standort. Vor allem kleine Fische wie Schmerle, Gründling (*Gobio gobio*), Zwergstichling (*Pungitius pungitius*), Steinbeißer, Elritze und Bitterling (*Rhodeus sericeus*) leben hier in großer Dichte. Besonders erwähnt werden sollte das Ukrainische Neunauge (*Eudonotmyzon mariae*). Es gehört nicht zu den Knochenfischen, sondern zu den Rundmäulern, und ist eigentlich in den Flüssen der Ukraine und Weißrußlands beheimatet. In Polen dürfte von

Hechte stehen meist ruhig nahe der Oberfläche zwischen Wasserpflanzen der Uferzone und lauern auf vorüberziehende Beute.

den sechs bekannten Populationen die der Biebrza die individuenreichste sein.

Im Flußsystem der Narew sind rund 20 Fischarten bekannt. Hier ist neben Plötze, Hecht, Aland, Flußbarsch, Schleie, Quappe, Karausche, Barbe und Ukelei auch der Karpfen (*Cyprinus carpio*) heimisch.

Nicht die Zusammensetzung der Fischfauna, sondern die Zahl der Fische und ihre Biomasse unterscheiden dieses Gebiet von anderen Niederungsflüssen Polens. Der jährliche Fischfang auf einem Hektar Flußfläche beträgt in der Biebrza rund 100 bis 120 Kilogramm, während beispielsweise aus der Weichsel auf gleicher Fläche nur 10 bis 20 Kilogramm Fisch gefangen werden. Daher ist auch Angeln und Fischen mit Hilfe von Netzen eine sehr beliebte Tätigkeit entlang Biebrza und Narew. Aus der Biebrza sind Welse (*Silurus glanis*) mit 25 bis 30 Kilogramm bekannt, wobei das Durchschnittsgewicht allerdings nur bei drei bis zehn Kilogramm liegt. Mit Netzen und großen Körben aus Maschendraht werden im Frühjahr und Sommer die bei ablaufendem Wasser

zurückbleibenden Tümpel und Altwasser abgefischt.

Für alle Fischarten gelten auch in Polen bestimmte Schutzzeiten, die meist mit der Vermehrungszeit der einzelnen Arten identisch sind. Weiterhin dürfen Fische nur ab einer bestimmten, artabhängigen Größe gefangen werden. Voraussetzung für die Angelerlaubnis ist die Mitgliedschaft in einer Anglervereinigung. Für den Nationalpark Biebrza ist zusätzlich eine spezielle Genehmigung erforderlich.

Oben: Barben leben gesellig am Grunde schnellfließender Gewässer.
Rechts: Quappen suchen während des Tages Schlupfwinkel unter Steinen und Wurzeln auf und jagen in der Dämmerung.
Unten: Narewaltarm.

Wirbellose

Bisher wenig bekannt ist die Fauna der Wirbellosen. Hierzu gehören neben den Insekten unter anderem auch die Spinnentiere und Mollusken (Weichtiere: Schnecken, Muscheln). Bei den wenigen besser untersuchten Gruppen wie Schmetterlingen, Heuschrecken, Libellen, Laufkäfern und Spinnen zeigt sich eine große Artenfülle. Die Ursache hierfür ist in erster Linie in den oft kleinräumig deutlich unterschiedlichen abiotischen Faktoren zu finden. Die enge Verzahnung von feucht-kühlen Standorten im Überschwemmungsbereich und trocken-heißen Habitaten auf den Sanddünen spielt hierbei eine entscheidende Rolle.

Zwischen Mai und Juli kann man viele, in Mitteleuropa bereits sehr selten gewordene Schmetterlingsarten beobachten. Insgesamt wurden bisher 78 Tagfalterarten alleine im Biebrzatal gezählt. Vier Arten stehen in Polen unter gesetzlichem Schutz. Es sind dies Schwalbenschwanz (*Papillio macha-*on), Kleiner Schillerfalter (*Apatura ilia*) und Großer Schillerfalter (*Apatura iris*) sowie der Schwarze Apollo (*Parnassius mnemosyne*). Letzterer ist auf blumenreichen, meist feuchten Stellen in offenem Gelände oder auf Waldwiesen zu finden. Im Gegensatz zu anderen Apollo-Arten hat diese Art nur schwarze Flecken auf den Flügeldecken. Die schwarzen, gelb gepunkteten, kurz behaarten Raupen dieser Schmetterlingsart leben auf Lerchensporn (*Corydalis* spec.). Eine weitere Charakterart der Feuchtflächen ist der Große Feuerfalter (*Lycaena dispar*). Trotz seiner leuchtend roten Farbe gehört diese Art taxonomisch zur Familie der Bläulinge (*Lycaenidae*). Auch der Spiegelfleck-Dickkopffalter (*Heteropterus morpheus*), der größte Dickkopffalter Europas, ist auf den Blütenpflanzen der überschwemmten Wiesen anzutreffen. Im Biebrzatal findet man aber, wie bereits erwähnt, nicht nur Arten der feuchten Lebensräume, sondern vor allem auf den Sanddünen, insbesondere im Gebiet Czerwone Bagno, auch ausgesprochen xerothermophile Arten wie zum Beispiel den

Links: Schwarzer Apollo.
Oben: Der Mittlere Weinschwärmer saugt
von Mai bis Juli in der Abenddämmerung
vor allem an Salbei und Nelken.

Kleinen Perlmuttfalter (*Issoria latho-
nia*) und den Roten Scheckenfalter (*Melitaea didyma*). An nährstoffarme Moore gebunden sind der Große Heufalter
(*Coenonympha tullia*), dessen Raupen
an Wollgräsern (*Eriophorum* spec.) und
Schnabel-Segge (*Carex rostrata*) leben,
der Randring-Perlmuttfalter (*Proclos-
siana eunomia*) und der Prächtige Bläuling (*Polyommatus amandus*). Auf den
Blüten der Rauschbeere (*Vaccinium uli-
ginosum*) sind vor allem die Raupen des
Hochmoorgelblings (*Colias panaeno*)
anzutreffen. Dieser stellt ebenso wie der
Heidelbeerbläuling (*Vacciniina optilete*)
ein nacheiszeitliches Relikt dar. Zu den
seltensten Schmetterlingsarten Europas,
die im Biebrzatal vorkommen, gehört
neben dem Brombeer-Perlmuttfalter
(*Brenthis daphne*) und dem Eschen-
Scheckenfalter (*Euphydryas maturna*)
auch der Gelbringfalter (*Lopinga achi-
ne*), der zwischen April und Juli in lich-
ten Wäldern erscheint. Eine verblüffen-
de Fortpflanzungsbiologie finden wir
beim Schwarzgefleckten Bläuling
(*Maculinea arion*). Seine Raupen

entwickeln sich anfangs vor allem auf
den Blütenknospen des Thymians (*Thy-
mus* spec.) und werden von Ameisen in
deren Baue eingetragen. Hier ernähren
sich die Raupen von Ameiseneiern, Larven und Puppen. Im Gegenzug liefern
die Raupen ein Sekret, das die Ameisen
veranlaßt, diesen Räuber im eigenen
Nest zu pflegen.

Mit einer Flügelspannweite bis 80
Millimeter ist der Große Eisvogel (*Li-
menitis populi*) einer der größten Vertreter der europäischen Tagfalter. Er fliegt
im Juni und Juli in feuchten Laubwäl-
dern und an Waldrändern mit Aspen
(*Populus tremula*), die von den Raupen
als Futterpflanze genutzt werden. Zu
den häufigsten Schmetterlingen gehören
der Braune Waldvogel (*Aphantopus hy-
perantus*) sowie der Gemeine Schek-
kenfalter (*Melitaea athalia*). Letzerer ist
vor allem auf sonnigen halbfeuchten

Waldwiesen zu finden, wo die Raupen auf Wachtelweizen (*Melampyrum* spec.) fressen. In den vergangenen Jahren hat in Deutschland die Diskussion um die angebliche Schadwirkung von Schwammspinnerraupen (*Lymantria dispar*) hohe Wellen geschlagen. Auch im Narew- und Biebrzatal konnte in den Frühjahren 1993 und 1994 Kahlfraß auf großen Flächen, insbesondere an Weiden (*Salix* spec.), ausgehend hiervon sogar auf Seggen (*Carex* spec.) beobachtet werden. Bereits wenige Wochen später waren die Flächen wieder grün und von den Fraßschäden nichts mehr zu sehen. Derartige ”Katastrophen” sind Teil der Biologie von Lebensräumen.

Die unterschiedlichen Gewässertypen bieten günstige Lebensbedingungen für eine ganze Reihe von Libellenarten (*Odonata*). In Polen leben insgesamt 70 Arten, von denen 33 auch im Biebrza-Narew-Gebiet nachgewiesen wurden. Besonders interessant sind Hochmoore und oligotrophe (nährstoffarme) Gewässer mit sandigem oder kiesigem Untergrund. Dort ist eine der seltensten Li-

bellen Europas, der Zweifleck (*Epitheca bimaculata*) zu finden. Weitere sehr seltene Arten wie die Grüne Keiljungfer (*Ophiogomphus cecilia*), deren Lebensraum sandige Bäche mit bewaldeten Ufern sind, und die Gefleckte Smaragdlibelle (*Somatochlora flavomaculata*), die die sumpfigen Wiesen bevorzugt, lassen sich im Biebrza- und Narewtal noch beobachten. Entlang der Flüsse fliegen die Gebänderte Prachtlibelle (*Calopteryx splendens*) und etwas seltener die Blauflügel-Prachtlibelle (*Calopteryx virgo*). Besonders auffällig ist die Gemeine Heidelibelle (*Sympetrum vulgatum*). Individuen dieser Art konzentrieren sich zum Teil in großer Zahl auf den an Gewässer angrenzenden Heuwiesen. Hier sitzen sie auf überstehenden Grashalmen und halten Ausschau nach Beute.

Die trockenen und sandigen Flächen sind von großer Bedeutung für Spinnen (*Araneae*), Heuschrecken (*Saltatoria*) und Laufkäfer (*Carabidae*). Entlang der Wege durch die Dünen bauen Grabwespen ihre Brutröhren in den Sand.

Bisher konnten Sandwespenarten (*Ammophila viatica* und *A. sabulosa*), Knotenwespen (*Cerceris cunicularis* und *C. quadricincta*), Kreiselwespen (*Bembix rostrata*) und die Kotwespe (*Mellinus arvensis*) hier angetroffen werden.

Sandlaufkäfer (*Cicindela*) fliegen vor dem Beobachter auf, um sich schon nach wenigen Metern wieder auf dem Weg niederzulassen. Zu den auffälligsten Heuschrecken gehören die Blauflügelige Ödlandschrecke (*Oedipoda caerulescens*) und die Rotflügelige Schnarrschrecke (*Psophus stridulus*), deren auch in Polen seltenes Vorkommen beispielsweise an den Sanddünen in der Nähe von Gugny belegt ist. An heißen Sommertagen sitzen Unmengen Rinderbremsen (*Tabanus bovinus*) auf Teer- und Schotterstraßen, dazwischen die kleineren Regenbremsen (*Haematopota pluvialis*) sowie weitere Bremsenarten (*Tabanidae*, z.B. *Chysops relictus*).

Eine besondere Wirbellosenfauna beherbergen die zeitweise überfluteten Wiesen. So wurde die im Biebrzatal verbreitete Radnetzspinnenart *Larinia jes-*

kovi außerhalb dieses Gebietes bisher nur im Jenissei-Gebiet in Rußland und in Japan nachgewiesen. In der Biebrzaniederung bewohnt diese etwa einen Zentimeter lange Art vor allem hohe

Oben: Weibchen der gerandeten Jagdspinne auf Beutezug.
Links: Bereits wenige Wochen nach dem Kahlfraß durch Schwammspinner treiben Weiden neue Blätter.
Unten: Rückenschaler leben in überfluteten Wiesen. Die Eier gelangen erst ab einer bestimmten Wassertiefe zur Entwicklung.

Deutscher Name	Wissenschaftlicher Name
Blauflügel-Prachtlibelle	*Calopteryx virgo*
Gebänderte Prachtlibelle	*Calopteryx splendens*
Kleine Binsenjungfer	*Lestes virens*
Gemeine Binsenjungfer	*Lestes sponsa*
Glänzende Binsenjungfer	*Lestes dryas*
Gemeine Winterlibelle	*Sympecma fusca*
Gemeine Federlibelle	*Platycnemis pennipes*
Großes Granatauge	*Erythromma najas*
Speer-Azurjungfer	*Coenagrion hastulatum*
Hufeisen-Azurjungfer	*Coenagrion puella*
Fledermaus-Azurjungfer	*Coenagrion pulchellum*
Becher-Azurjungfer	*Enallagma cyathigerum*
Große Pechlibelle	*Ischnura elegans*
Torf-Mosaikjungfer	*Aeschna juncea*
(Hochmoor-Mosaikjungfer	*Aeschna subarctica*)
Herbst-Mosaikjungfer	*Aeschna mixta*
Blaugrüne Mosaikjungfer	*Aeschna cyanea*
Grüne Mosaikjungfer	*Aeschna viridis*
Braune Mosaikjungfer	*Aeschna grandis*
(Große Königslibelle	*Anax imperator*)
Kleine Mosaikjungfer	*Brachytron pratense*
Gemeine Keiljungfer	*Gomphus vulgatissimus*
Grüne Keiljungfer	*Ophiogomphus serpentinus*
Gemeine Smaragdlibelle	*Cordulia aenea*
Glänzende Smaragdlibelle	*Somatochlora metallica*
Gefleckte Smaragdlibelle	*Somatochlora flavomaculata*
Zweifleck	*Epitheca bimaculata*
Vierfleck	*Libellula quadrimaculata*
Plattbauch	*Libellula depressa*
Großer Blaupfeil	*Libellula cancellatum*
Gemeine Heidelibelle	*Sympetrum vulgatum*
Gefleckte Heidelibelle	*Sympetrum flaveolum*
Blutrote Heidelibelle	*Sympetrum sanguineum*
Schwarze Heidelibelle	*Sympetrum danae*
Gebänderte Heidelibelle	*Sympetrum pedemontanum*
Kleine Moosjungfer	*Leucorrhia dubia*

*Oben: Gebänderte Prachtlibellen sind
häufig zu beobachten.
Links: Tab. 1 – Bisher im Biebrzatal nach-
gewiesene Libellenarten. (Unsichere Beobachtungen in Klammern).*

Seggen und ist zum Beispiel am "Kai-
serdamm" (siehe Kapitel Tourenvor-
schläge) in den auch von Seggenrohrsängern bevorzugten Gebieten leicht zu
beobachten. Die Gerandete Jagdspinne
(*Dolomedes fimbriatus*) gehört mit einer
Körperlänge von zwei Zentimetern zu
den größten Spinnenarten Polens. Sie ist
in Seggenwiesen und Erlenbruchwäl-
dern häufig anzutreffen. Bei ablaufendem Wasser finden sich auch die Larven
des Gelbrandkäfers (*Dytiscus margina-
lis*) und des Großen Kolbenwasserkäfers
(*Hydrous* spec.) hier ein. Auf der Suche
nach den letzten verbleibenden Wasser-
stellen laufen die Larven auch über trok-
kene Flächen. Die adulten Tiere können
hierzu ihre Flügel benutzen. In großer
Zahl kann man bei zunehmender Trok-
kenheit den Kleinen Kolbenwasserkäfer
(*Hydrophilus caraboides*) fliegen sehen.

Bei Regen landen viele auf den nassen
Straßen. Es scheint, daß sie die spiegeln-
den Teerbänder mit Gewässern ver-
wechseln.

Ebenfalls an die periodischen Überflutungen angepaßt ist der Kleine Rü-
kenschaler (*Lepidurus apus*). Diese sehr
urtümlich erscheinende Krebsart über-
dauert mehrere Jahre als Ei im ausge-
trockneten Schlamm von Gewässern.
Sobald das Wasser aber wieder eine bestimmte Höhe erreicht und entsprechen-
der Wasserdruck auf dem Untergrund
lastet, beginnen sie mit ihrer Entwicklung. Bei ablaufendem Wasser können
Kleine Rückenschaler in großer Zahl in
den zurückbleibenden Pfützen etwa auf
unbefestigten Wegen beobachtet werden. Hier sind sie eine beliebte Beute
nicht nur für zahlreiche Vogelarten.

Die Liste der interessant zu beobachtenden und in Mitteleuropa oftmals bereits seltenen Tierarten des Narew- und
Biebrzatales ließe sich noch lange fort-
führen. Sicherlich ist noch eine ganze
Reihe von Überraschungen zu erwarten.

Gefährdung und Schutz

Polen – Land der Gegensätze

Einschließlich des im September 1993 gegründeten Nationalparks Biebrzatal und der gleichzeitig zum Nationalpark erklärten Stolowe-Berge im Südwesten des Landes sowie des 1996 ausgewiesenen Nationalparks Narewtal, verzeichnet Polen jetzt 21 Gebiete dieser Schutzkategorie. Die Nationalparke stehen in kaum zu überbietendem Gegensatz zu den 28 offiziell ausgewiesenen ökologischen Notstandsgebieten, in denen eigentlich kein Mensch mehr dauerhaft leben dürfte. Dennoch wohnt und arbeitet hier rund ein Drittel der polnischen Bevölkerung, 12 Millionen Menschen. In den ökologischen Katastrophenge-

bieten liegen die durch Umweltschadstoffe bedingten Krankheitsraten und Sterbequoten zum Teil extrem über dem Landesdurchschnitt. Die hohe Konzentration von Schadstoffen in Luft, Wasser und Lebensmitteln führt dazu, daß eine durchschnittliche Schwangerschaft zum Beispiel in Kattowitz nur noch rund acht Monate dauert und 50 Prozent der Neugeborenen bereits krank zur Welt kommen. Einige Ökologen propagieren in Polen den Bio-Anbau von Lebensmitteln in den weniger belasteten Gebieten speziell als Exportschlager und sehen hierin die Möglichkeit, Devisen zu beschaffen. Diese Produkte dürften dann jedoch, nach Meinung der Ökologen, keinesfalls durch die Regionen mit hoher Schadstoffbelastung transportiert werden, da die Qualität der Lebensmittel darunter leiden würde. Die Einheimischen in den ökologischen Notstandsgebieten müssen aber die dort angebauten landwirtschaftlichen Produkte essen.

Polen – ein Land der Gegensätze. In kaum zu überbietendem Gegensatz zu den ökologischen Notstandsgebieten

Links: Das Aufeinanderprallen sehr unterschiedlicher Fortbewegungsmittel führt in Polen zu einem erheblichen Unfallrisiko. Ganz oben: Das "andere Gesicht" Polens: Schwerindustrie im Süden des Landes, hier in Kattowitz. Oben: Sobald Polen Mitglied der Europäischen Union wird, gehören solche Bilder sicherlich der Vergangenheit an.

existieren in diesem Land aber auch 21 Nationalparke mit insgesamt über 250.000 Hektar Fläche, etwa tausend Naturschutzgebiete mit 100.000 Hektar Fäche, 58 Landschaftsschutzparke mit einer Million Hektar sowie fast vier Millionen geschützte Objekte. Dies macht Polen zu einem Vorreiter im klassischen Naturschutz in Europa.

Grüne Lunge Polens

Doch mit Naturschutz, der ausschließlich auf Schutzgebiete beschränkt ist, geben sich die polnischen Naturschützer nicht zufrieden: Unter Leitung von Krzysztof Wolfram entwickelten sie eine Konzeption zum Schutz des gesamten Naturpotentials von Nordostpolen. Die im Jahre 1983 geborene und mit dem treffenden Namen "Grüne Lunge Polens" bezeichnete Idee reicht von der Ausweisung eines weiteren Nationalparks, über die Extensivierung der Land- und Forstwirtschaft im Umfeld der Schutzgebiete und der Vermarktung landwirtschftlicher Produkte, bis hin zu einem naturorientierten und naturverträglichen Tourismus in der Region. Dem zuletzt genannten Wirtschaftszweig soll Vorrang vor Industrieansiedlungen eingeräumt werden. Weiterhin ist geplant, für die geschundene Bevölkerung aus den ökologischen Notstandsgebieten Erholungsheime und Sanatorien einzurichten. Am 6. Mai 1991 unterzeichneten die fünf Regierungsbezirke (Wojewodschaften) Białystok, Łomża, Olsztyn, Ostrołęka und Suwałki sowie die Zentralregierung in Warschau ein Dokument, in dem die grundsätzliche Befürwortung des Konzeptes der "Grünen Lunge Polens" festgeschrieben wird. Zwei weitere Wojewodschaften, Ciechanów und Siedlce, erklärten Anfang 1993 ihre Kooperation mit diesem für den Naturschutz richtungsweisenden Projekt. Somit hat das Ökokonzept für ganz Nordostpolen Gültigkeit, für mehr als 15 Prozent der Landesfläche, ein Gebiet das größer ist als die Schweiz! Nordostpolen wird hierdurch zur ersten großen Region der Welt mit einem Konzept, das Vorsorge für die nächste Generation zum obersten Prinzip macht. Das könnte ganz anders sein. Während der kommunistischen Zeit waren Teile dieses Gebietes für den Bergbau vorgesehen. Deutschland hat für dieses Vorhaben mehrere Hundert Millionen Mark bereitgestellt, die in diesem Fall – zum Glück – in der Mißwirtschaft des polnischen kommunistischen Staates versandeten. Wären die Bergbauprojekte verwirklicht worden, gäbe es heute

in Polen ein Katastrophengebiet mehr. Die "Grüne Lunge Polens" kann als Modell für den Schutz vieler Großlandschaften in Europa angesehen werden. Bleibt zu hoffen, daß durch die Annäherung Polens an die Europäische Union mit ihren agrarpolitischen Strukturen die Naturschutzbestrebungen nicht zunichte gemacht werden. Landwirtschaftliche Nutzung und Naturschutz muß auch in Polen nicht zwingend ein unvereinbarer Gegensatz sein. Generell kommt der Erhaltung der kleinbäuerlichen Landwirtschaft gerade in Nordostpolen aus gesellschaftspolitischer sowie aus naturschutzfachlicher Sicht große Bedeutung zu. 30 Prozent der polnischen Bevölkerung arbeiten in der Landwirtschaft, in Deutschland sind dies nur 3,5 Prozent. Nach Angabe der Stiftung Europäisches Naturerbe wurden allein im Jahre 1991 im Rahmen des PHARE-Hilfsprogramms der EG Pestizide im Wert von 100 Mio. DM kostenlos nach Polen geliefert. Die Naturschutzverbände haben die Einstellung dieser "Hilfe" durchgesetzt. "Erhaltung gewachsener Strukturen" und nicht

"Übernahme von Fehlern aus westlichen Industrienationen" muß die Forderung lauten.

Auf Initiative von Krzysztof Wolfram erwägen die Nachbarländer Litauen und Weißrußland in den an Polen angrenzenden Gebieten ähnliche Pläne zu verwirklichen. Die faszinierende Idee einer "Grünen Lunge Europas" rückt damit in den Bereich des Möglichen.

Links: Die Mündung der Biebrza im April.
Unten: Derselbe Ausblick im Juli.
Oben: Neben zahlreichen Acker-"Unkräutern" blühen auch Kornraden in den Getreidefeldern.

Nationalpark Biebrza – Gefahr durch Sukzession

Am 9. September 1993 konnte der Naturschutz in Polen einen großen Sieg feiern: nach rund 25-jährigen Anstrengungen der Naturschützer wurde das Biebrzatal als Nationalpark unter Schutz gestellt. Damit war die entscheidende Voraussetzung geschaffen, eines der großflächig weitgehend intakten Flußsysteme Europas dauerhaft zu bewahren. Die Ausweisung des 590 Quadratkilometer großen Nationalparks ist sicherlich der entscheidende, jedoch nur ein erster Schritt zur Verwirklichung dieses Zieles. Die entwickelten Zielvorstellungen hinsichtlich der Landnutzung und Besucherlenkung müssen nun vor dem Hintergund der global geltenden Anforderungen für Nationalparke in die Tat umgesetzt werden. Doch "Unterschutzstellung" ist nicht sofort und ohne Einschränkung gleichzusetzen mit "Erreichen von Schutzzielen". Dies wird am Beispiel des kürzlich gegründeten Biebrzatal-Nationalparks besonders deutlich.

Der Schutzgebietsbegriff Nationalpark gilt in Fachkreisen als die stärkste – weil international anerkannte und publikumswirksame – Waffe des Natur-

schutzes zur Erhaltung von Naturräumen. Hierbei ist oftmals nicht ausreichend klar, daß mit der Umwidmung beispielsweise eines international bedeutsamen Vogelschutzgebietes zu einem Nationalpark meist zwingend auch eine grundlegende Änderung des Schutzzweckes und der Schutzziele verbunden sein kann. Wenn weiterhin der Erhalt der nutzungsbedingten Artenvielfalt im Vordergund stehen soll, können Zielkonflikte auftreten.

Gleich mehrere Vogelarten erreichen im Biebrzatal Bestandszahlen von europaweiter Bedeutung. Im Vergleich hierzu nehmen sich die entsprechenden Angaben etwa für die Bundesrepublik eher bescheiden aus. So beherbergt das

Biebrzatal nach derzeitigem Wissensstand etwa ein Viertel der Weltpopulation des Seggenrohrsängers. Bei der Beurteilung der Bedeutung des Bestandes ist zu beachten, daß im Verbreitungszentrum der Art in Weißrußland durch Melioration, aber auch durch Nutzungsaufgabe (Handmahd) großflächig Seggenrohrsängerlebensräume verloren gehen.

Links: Aus der Vogelperspektive zeigt sich eindrucksvoll die Sukzession hin zu weitgehend geschlossenen Wäldern.
Oben: Im Gegensatz zu vielen anderen Arten gehören Kraniche vielleicht zu den Nutznießern der Sukzession.
Unten: Der Kampfläufer ist Wappentier des Nationalparks Biebrza. Ohne ein geeignetes Management wird er als Brutvogel aus Nordostpolen verschwinden

So schätzt Flade, daß in den vergangenen zwanzig Jahren in Weißrußland über Verluste in einer Größenordnung von 90% zu verzeichnen waren. Das Schicksal gerade dieser Vogelart ist eng mit den Entwicklungen im Nationalpark Biebrza verbunden. Als ausgesprochener Habitatspezialist bewohnt der Seggenrohrsänger nahezu ausschließlich Seggenriede. Große Bereiche der heute besiedelten Seggenrohrsängerlebensräume stellen keine Primärvegetation dar, vielmehr sind diese erst durch landwirtschaftliche Grünlandnutzungsformen entstanden. Veränderte Wasserstands- und Nährstoffverhältnisse als Folge von Entwässerungsmaßnahmen, vor allem aber die Aufgabe der traditionell extensiven Bewirtschaftungsformen führten in der jüngeren Vergangenheit zur "Verfilzung" großer Flächen durch abgestorbenes Pflanzenmaterial und schließlich zur Verbuschung mit Weiden, Birken und Erlen. Zum Schutze von Offenlandarten wie zum Beispiel Seggenrohrsänger, Alpenstrandläufer, Doppelschnepfe, Kampfläufer und Wachtelkönig ist eine regelmäßige Mahd großer Bereiche unverzichtbar. Werden diese Maßnahmen jedoch auf wesentlichen Flächen eines Nationalparks durchgeführt, ist ein Konflikt mit international anerkannten Nationalparkkonzepten unvermeidbar. Die International Union for the Conservation of Nature (IUCN) legte in ihren Richtlinien für Nationalparke fest, daß anthropogene Eingriffe wie Bewirtschaftung oder Biotopmanagement in einem Nationalpark zumindest auf dem überwiegenden Teil der

1993 vernichtete ein Feuer rund 3.000 Hektar Wald im Czerwone Bagno. Hierbei verbrannte auch der Torfkörper bis auf eine Tiefe von zwei Metern.

Fläche nicht durchgeführt werden dürfen. Anders in einem Biosphärenreservat: Hier gehört die menschliche Nutzung als ein Faktor zum Naturraum dazu. Interessanterweise wurde der Kampfläufer als Wappenvogel für den Nationalpark Biebrzatal ausgewählt. Gerade diese Art der offenen, kurzrasigen, überschwemmten Flächen wird bei konsequenter Umsetzung der Nationalparkrichtlinien, die wie bereits gesagt auch eine Einstellung der Bewirtschaftung beinhalten, zumindest als Brutvogel aus dem Nationalpark verschwinden.

Im Nationalpark Biebrza soll mit einem nach Zonen differenzierten Konzept der Spagat zwischen natürlicher Dynamik einerseits und der Erhaltung bestimmter Sukzessionsstadien und Lebensräume andererseits ermöglicht werden. Hierzu haben zahlreiche Wissenschaftler im Auftrag des World Wide Fund for Nature (WWF) einen entsprechenden Managementplan entwickelt. Im genannten Bericht ist die Bewahrung der Artenvielfalt als oberstes Schutzziel

Oben: Weißstörche folgen den Traktoren bei der Heumahd und erbeuten Amphibien, Kleinsäuger, Insekten und Jungvögel.
Unten: Die Sukzession wird in den nächsten Jahren das Biebrzatal weitgehend verändern. Dies bedingt auch eine Veränderung der Häufigkeit vieler Vogelarten, zum Beispiel des Wachtelkönigs.

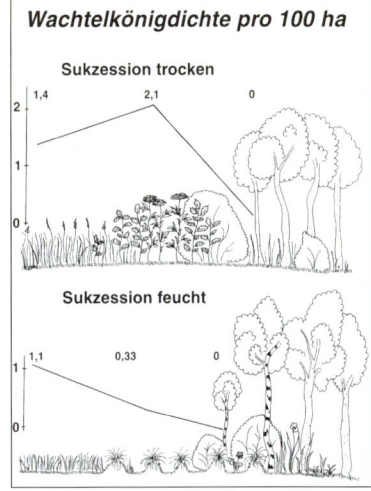

Wachtelkönigdichte pro 100 ha

Sukzession trocken

Sukzession feucht

Wald oder Offenland?

Die Frage nach dem Erscheinungsbild der Urlandschaft ohne den Einfluß des Menschen, also nach der potentiellen natürlichen Vegetation, beschäftigt bereits seit langer Zeit Vegetationskundler, Forstwissenschaftler, Zoologen und Naturschutzplaner gleichermaßen. Festzustehen scheint, daß Mitteleuropa ohne den Eingriff des Menschen in weiten Teilen von Wald bedeckt wäre. Wälder können also als Schlußgesellschaften angesehen werden. Über die Struktur dieser Wälder aber besteht Uneinigkeit. So gehen zahlreiche Wissenschaftler davon aus, daß auf mittleren Standorten geschlossener Wald das Bild prägen würde. Andere Experten prognostizieren in weiten Teilen eher parkähnliche Zustände. Insbesondere dem Einfluß von Verbiß durch Großsäuger wird hier entscheidende Bedeutung beigemessen. Aber auch andere Faktoren lockern unter natürlichen Bedingungen den geschlossenen Wald auf und verhindern Baumbewuchs beziehungsweise drängen diesen zurück.

Ein wesentlicher Faktor zum Beispiel in trockenen Kiefernwäldern ist Feuer. In Flußniederungen kann der Einfluß der Biber, aber auch der natürlicher Flußdynamik nicht hoch genug eingeschätzt werden. Hinzu kommen Eisgang, Insektenkalamitäten, Windwurf, Schnee- und Eisbruch oder an anderer Stelle Lawinenabgänge, um nur einige Punkte zu nennen. Wichtig ist hierbei zu bedenken, daß sich diese Faktoren wechselseitig in ihrem Einfluß verstärken können (z.B. Pflanzenfresserkonzentrationen in Krautschicht auf ehemaligen Brandflächen). Und schließlich macht ein Blick in alte Karten die immense Ausdehnung von zumindest teilweise baumfreien Mooren zum Beispiel in Norddeutschland deutlich.

Die von Hermann Remmert formulierte Mosaik-Zyklus-Hypothese geht davon aus, daß bestimmten Waldtypen eine zyklisch ablaufende innere Dynamik eigen ist. Demnach stellen die mosaikartig verteilten sogenannten Sukzessions-Endglieder lediglich eine Phase in einem geschlossenen Zyklus dar und machen nach einem katastrophenähnlichen Zusammenbruch einem Neubeginn Platz.

Was zunächst anmutet wie der Streit um des Kaisers Bart, ist für die Festlegung von Naturschutzzielen und Landschaftsleitbildern von großer Bedeutung. Liegt hierin doch die Antwort auf die Frage, welche Tier- und Pflanzenarten in welcher Häufigkeit auch ohne den Menschen in Europa heimisch wären. Für Nationalparke schließt sich letztendlich die Frage nach der notwendigen Mindestgröße an. Frühe Sukzessionsstadien und damit meist baumfreie Standorte bilden auf Grund ihrer zeitlichen und damit zwangsläufig auch räumlichen Begrenztheit oftmals einen Minimumfaktor in Schutzgebieten, die ausschließlich der natürlichen Dynamik unterliegen. Durch menschliche Tätigkeit, wie etwa Grünlandwirtschaft, dehnte sich das Offenland zunächst aus, und durch die extensive Bewirtschaftung wurde die Situation für die an diesen Lebensraumtyp angepaßten Tier- und Pflanzenarten günstiger, bis die Intensivierung der Landwirtschaft diesen Zustand beendete. Durch Biotopmanagement wird im Naturschutz versucht, vorher als wünschenswert festgelegte Vegetationstypen und Sukzessionsstadien, unabhängig von ihrem potentiell natürlichen Flächenanteil, als Lebensraum für bedrohte Tier- und Pflanzenarten zu erhalten (z.B. durch Entbuschung von Trockenrasen).

Letztendlich wird sich die Frage nach der potentiellen natürlichen Vegetation niemals bis ins Detail klären lassen, da der Mensch inzwischen Umweltfaktoren geschaffen hat, die langfristig auch in großflächigen und abgelegenen Schutzgebieten einen Einfluß haben werden (z.B. durch Luftverschmutzung, Klimaänderung, Nährstofffracht).

genannt. Erreicht werden soll dies einerseits durch die Erhaltung natürlicher Regulationsprozesse, andererseits sind auch Managementmaßnahmen vorgesehen, um die Veränderung als wertvoll angesehener Sukzessionsstadien zu verhindern. Ein lediglich passiver Schutz des Gebietes wird nach Einschätzung der Spezialisten nicht ausreichen, um auf Dauer maximalen Artenreichtum zu erhalten.

Die Gesamtfläche des Schutzgebietes beträgt 66.824 Hektar, wobei sich der Nationalpark selbst auf eine Fläche von 59.223 Hektar erstreckt. Der Nationalpark Biebrza rangiert hinsichtlich der Flächenausdehnung auf Platz eins unter allen polnischen Nationalparken. Ein Vergleich der derzeitigen Vegetation mit der Situation vor rund fünfzig Jahren zeigt die zunehmende Verbuschung und Wiederbewaldung von einst landwirtschaftlich genutzten Bereichen. Rund 8.000 Hektar sind nach Angaben von Andrzej Dyrcz, Ornithologe an der Universität Wrocław (Breslau) und hervorragender Kenner des Biebrzatales, als Seggenrohrsängerlebensraum zu bezeichnen.

Sollte auch nur ein Teil dieser Flächen durch Verbuschung für diese Vogelart ungeeignet werden, würde es enormer Anstrengungen bedürfen, die Reduzierung seines Lebensraumes aufzuhalten. Die neuen landwirtschaftlichen Rahmenbedingungen für Polen könnten im Biebrzatal zu einer völligen Aufgabe der extensiven Landwirtschaft führen. Hierdurch wären zur Erhaltung insbesondere der ornithologischen Bedeutung des Gebietes landschaftspflegerische Maßnahmen riesigen Ausmaßes, verbunden mit immensen Kosten, erforderlich.

Die extensive Grünlandbewirtschaftung hat in Nordostpolen die Artenvielfalt vor allem der Vogelwelt erhalten. Eine Erhaltung dieses eigentlich künstlichen Zustandes ist bei einer puristischen Auslegung mit den Zielen eines Nationalparks eigentlich nicht vereinbar.

Endstadium der Sukzession auf großer Fläche: Bruchwald.

Nationalpark Narew Naturschutzerfolg durch Kooperation

In den vergangenen Jahrzehnten wurden Teile des Narewtales kanalisiert, um die Auen zu entwässern und damit landwirtschaftlich besser nutzbar zu machen. Dieses Schicksal ereilte zu Beginn der 80er Jahre auch den Flußabschnitt von Rzędziany und Pańki bis zur Schleuse bei Żółtki. Diese Fläche liegt im Pufferbereich des neu augewiesenen Nationalparks. Mit dem Ziel, das Sumpfgebiet nördlich von Kurowo trockenzulegen und der landwirtschaftlichen Nutzung zuzuführen, wurde ein sechs Kilometer langer Kanal gebaut. Im Zuge der Baumaßnahmen wurden Wehre errichtet und eine natürliche Sohlschwelle (Endmoräne) durchstoßen. Das Flußwasser konnte hierdurch schneller abfließen. Im kanalisierten Abschnitt liegt die Fließgeschwindigkeit heute um den Faktor 2,5 höher als vor Beginn der Baumaßnahmen. Die erwarteten positiven Auswirkungen auf die Landwirtschaft blieben dennoch aus. Für den Naturhaushalt aber waren die Folgen verheerend. Der Grundwasserspiegel sank in großen Bereichen um bis zu 1,5 Meter. Viele Brunnen in den umliegenden Dörfern versiegten. Der durch die Kanalisie-

rung und den damit zusammenhängenden schnelleren Wasserabfluß verursachte Sog brachte ein Absenken des Grundwasserspiegels auch flußaufwärts vom letzten Wehr mit sich. Verschlimmert wurde die Situation durch mehrere extrem trockene Jahre in den achtziger Jahren. Während das Hochwasser in den Jahren 1979 bis 1981 noch bis Ende Mai große Gebiete überflutete, endeten die Überschwemmungen 1990 bereits im März und 1991 im April. Im kanalisierten Abschnitt wachsen auf ehemaligen Feuchtflächen heute Ackerkratzdisteln (*Cirsium arvense*). Ihr Auftreten und die Ausbildung vollkommen neuer Pflanzengesellschaften spiegelt die zunehmende Degenerierung der Moorböden wieder. Um eine Fläche von rund 500 Hektar landwirtschaftlich nutzbar zu machen, wurde die ökologische Beeinträchtigung von rund 10.000 Hektar Sumpfgebiet in Kauf genommen. Doch selbst auf den erwähnten 500 Hektar ist eine intensive Landwirtschaft nicht möglich. Aus Verärgerung über das Ausbleiben der ökonomischen Vorteile der Baumaßnahmen brannten Landwirte von März bis Juni 1990 insgesamt 3.000 Hektar Schilfflächen nieder. Anschließend brüteten Feldlerchen (*Alauda arvensis*) in einem Gebiet, dessen Avifauna bis dahin durch im Schilf brütende Arten wie die Große Rohrdommel (*Botaurus stellaris*) geprägt war. Detaillierte Untersuchungen aus den Jahren 1991 und 1992 zeigen, daß die Vogelwelt des betroffenen Narewabschnittes im Vergleich zur Situation in den siebziger Jahren einschneidenden Veränderungen unterworfen war und deutlich ärmer geworden ist. Nahezu alle Feuchtgebietsarten, eine Gruppe, die ehemals für diesen Teil der Narew kennzeichnend war, erlitten Bestandseinbrüche, die oftmals bei über 90 Prozent lagen. Am schlimmsten betroffen sind Arten,

Links: Begradigte Narew: diese Sünden gilt es in der Zukunft rückgängig zu machen. Oben: Der Ruf der Rohrdommel ist bis zu fünf Kilometer weit zu hören.

die auf offene Wasserflächen mit seichten Uferzonen sowie auf Großseggenriede und Schilf angewiesen sind.

So zählte zum Beispiel die Lachmöwenkolonie (*Larus ridibundus*) im Jahre 1981 3.200 bis 3.500 Brutpaare. Anfang der neunziger Jahre war diese Kolonie vollkommen verschwunden. Bei der Lachmöwe handelt es sich sicherlich um keine seltene oder bedrohte Art; dennoch muß die Aufgabe einer Kolonie Alarmsignal sein. In ähnlicher Weise gilt dies für die Tafelente (*Aythya ferina*), deren Brutbestand vor den Baumaßnahmen bei rund 1.000 Paaren lag und jetzt auf nur noch zehn Paare zusammengeschmolzen ist. Lediglich in Einzelpaaren brüten ehemals vergleichsweise häufige Arten wie Krickente, Tüpfelsumpfhuhn, Teichhuhn (*Gallinula chloropus*), Schnatterente und Waldwasserläufer. Nur unwesentlich besser stellt

Anzahl Brutpaare im Landschaftspark Narew

	1979-1981	1991-1992
Trauerseeschwalbe	850	64
Tüpfelsumpfhuhn	400	4
Uferschnepfe	380	59
Kleines Sumpfhuhn	250	10
Rohrweihe	200	100
Löffelente	200	10
Rotschenkel	120	25
Rohrdommel	42	22
Kampfläufer	30	–
Schnatterente	20	1
Doppelschnepfe	16	8
Flußregenpfeifer	14	2
Pfeifente	6	–
Spießente	7	–
Wiesenweihe	7	7
Seggenrohrsänger	2	20
Kornweihe	–	1
Sumpfohreule	–	2

*Tab. 2: Vergleich der Bestandsgröße von Brutvögeln im Narewtal zwischen Suraż und Zółtki (Untersuchungszeiträume 1979-1981 und 1991-1992).
(Z. Lewartowski zit. in Banaszuk 1993)*

sich die Situation für Haubentaucher (*Podiceps cristatus*), Knäkente, Löffelente, Flußseeschwalbe, Reiherente (*Aythya fuligula*), Wasserralle, Kleines Sumpfhuhn und Rohrschwirl dar. Deutlich abgenommen haben auch die Bestände anderer Feuchtgebietsarten wie Stockente, Bläßhuhn und Schilfrohrsänger sowie Fluß- (*Charadrius dubius*) und Sandregenpfeifer (*Charadrius hiaticula*). Und schließlich unterlagen auch die Arten der angrenzenden Seggenwiesen den negativen Folgen des Flußausbaues. Zu ihnen sind Kiebitz, Uferschnepfe, Rotschenkel, Bekassine, Doppelschnepfe und Wiesenpieper zu zählen. Mit Wiesenweihe, Kranich, Blaukehlchen, Feldschwirl und Schlagschwirl konnten nur wenige Vogelarten ihren Bestand halten. Erwartungsgemäß hat sich durch die massiven Lebensraumveränderungen auch die Lebensraumqualität für einzelne Arten verbessert. So haben in den trockengelegten Flächen Höckerschwan, Seggenrohrsänger, Karmingimpel, Rebhuhn, Fasan (*Phasianus colchicus*), Braunkehlchen und Feldlerche zugenommen und sogar neu im Gebiet anzutreffen sind Kornweihe, Sumpfohreule,

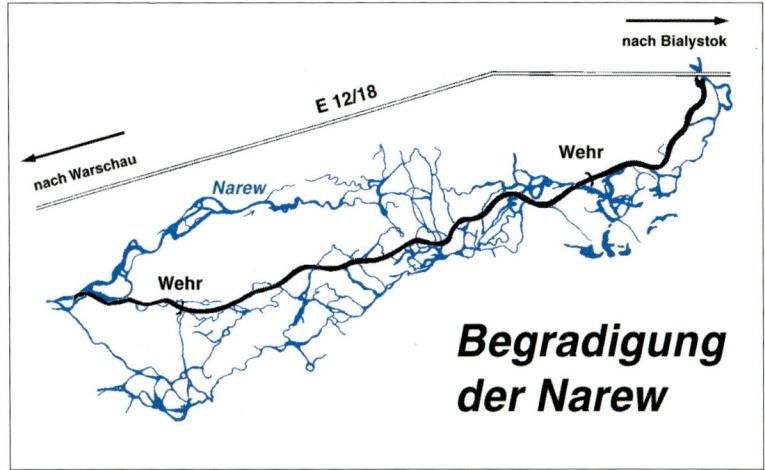

Begradigung der Narew

Eisvogel (*Alcedo atthis*), Trauerschnäpper (*Ficedula hypoleuca*), Erlenzeisig (*Carduelis spinus*) und Kernbeißer (*Coccothraustes coccothraustes*). Als Fazit bleibt jedoch, daß vor allem Arten, die trockenere Lebensräume bevorzugen, zugenommen haben und gerade die für Flußtäler typischen Feuchtgebietsarten zum Teil katastrophal zurückgegangen sind.

Der naturschutzfachliche Wert des Narewtales und die negativen Auswirkungen der genannten Baumaßnahmen wurden auch von den polnischen Behörden erkannt. Aus diesem Grund wurde von der Wojewodschaft Białystok im Jahre 1985 der Flußabschnitt zwischen Suraż und Żółtki zum Landschaftspark Narew ("Narwiański Park Krajobrazowy") ausgewiesen. Im Jahre 1989 folgte die Wojewodschaft Łomża diesem Vorbild und stellte auch die auf ihrem Gebiet gelegenen, angrenzenden Flächen unter Schutz. Die Schutzzone umfaßt 22.747 Hektar, die von einer 34.570 Hektar großen Pufferzone umgeben sind. Unter der polnischen mit "Land-

Die kanalisierte Narew (schwarz) im Vergleich zum ursprünglichen Flußsystem (blau)..

schaftspark" zu übersetzenden Bezeichnung ist ein Schutzstatus zu verstehen, der nach internationalen Kriterien durchaus dem eines Biosphärenreservates entspricht. Ziel des Schutzgebietes ist es, Rahmenbedingungen zu schaffen, die sowohl der ortsansässigen Bevölkerung und der gewachsenen Kulturlandschaft wie auch dem gewaltigen Naturpotential mit zahlreichen Arten und Lebensräumen eine langfristige Existenz ermöglichen. Im Juli 1996 wurden die flußnah gelegenen Kernbereiche mit einer Fläche von 7.350 Hektar zum Nationalpark ausgewiesen. Die ürige Fläche des Landschaftsparks Narew bildet nun die Pufferzone des Nationalparks.

Insgesamt 37 Dörfer, die von rund 37.000 Menschen bewohnt werden, liegen im Gebiet des Landschaftsparks Narew. Sie sollen als wesentlicher Faktor in den Schutzgebietskonzeptionen Berücksichtigung finden. Die für den Nationalpark und für den Landschaftspark, also die Pufferzone des Nationalparks, zuständige Verwaltung ist ebenso wie ein Informationszentrum in einem alten Gutshaus im Dorf Kurowo untergebracht. Für ihren neuen Verwendungszweck wurden die Gebäude vorbildlich renoviert. Den insgesamt elf hier Beschäftigten Personen obliegt die Betreuung und Überwachung des Gebietes.

Doch die Ausweisung des Schutzgebietes war nur der erste Schritt hin zu umfassenden Schutzmaßnahmen. Sieben der 43 im National- und Landschaftspark gelegenen Flußkilometer der Narew waren von den Flußbegradigungen der Vergangenheit betroffen. Die Verhinderung einer weiteren Degeneration von Böden und Vegetation und eine Wiederherstellung des ehemaligen status quo waren nur durch umfangreiche und schnelle Renaturierungsmaßnahmen möglich. Die Dringlichkeit einer Problemlösung vor Augen, luden der Landesbund für Vogelschutz in Bayern (LBV) und die Bayerische Akademie für Naturschutz und Landschaftspflege (ANL) alle beteiligten polnischen und deutschen Naturschutzverbände sowie Vertreter der polnischen Behörden und des Landschaftsparks vom 13. bis zum 15. Juli 1992 zu einer Tagung nach Bayreuth ein. Schon hier wurde weitgehende Einigung unter allen Teilnehmern erzielt. Es wurde aber auch deutlich, daß ein Projekt dieser Größe internationaler Anstrengungen bedurfte. Für die Renaturierungsmaßnahmen war die Anhebung des Wasserstandes auf das ehemalige Niveau unverzichtbar. Dies schien zu Beginn jedoch an den zahlreichen Privateigentümern mit extrem zersplittertem Grundbesitz im Narewtal zu scheitern. Doch die Stiftung Europäisches Naturerbe (EURONATUR) sagte umfangreiche finanzielle Unterstützung des Projektes zu. Hierdurch war der

Grundstein für den Erwerb der Flächen für den Naturschutz gelegt. Es ist erforderlich, 400 Hektar landwirtschaftliche Nutzfläche in den Besitz der Naturschutzverbände zu bringen. Die Beschaffung der auf rund 300.000 DM geschätzten Projektkosten war für EURONATUR zunächst eine schwierige Aufgabe. Dann allerdings gingen von einem einzigen Spender 100.000 DM Zuschuß bei EURONATUR ein. Das Projekt konnte beginnen. Bereits im Dezember desselben Jahres unterzeichneten der Wojewode (Regierungspräsident) von Białystok sowie polnische und deutsche Naturschutzverbände eine Vereinbarung zur Renaturierung der Flußniederung im Landschaftspark Narew. Der Podlassische Bund für Vogelschutz (PTOP) sowie die Verwaltung des Landschaftsparkes zeigen sich als kompetente und kooperative Partner. Mittlerweile hat der PTOP 300 Hektar mit Hilfe deut-

Der "geistige Vater" der Grünen Lunge Polens: Krzysztof Wolfram (hier beim Vermessen der weißrussischen Schienenbreite an der polnisch-weißrussischen Grenze).

scher Spendengelder erworben. Anfang 1996 haben Bauern probeweise einen Flußarm aufgestaut, woraufhin der Fluß auf etwa 200 Hektar wieder in den alten Schlingen fließt. Nach dem Kauf aller notwendigen Parzellen soll der Kanal an mehreren Stellen zugeschüttet werden.

Sowohl der PTOP als auch die Nationale Stiftung für Umweltschutz in Polen haben entscheidend zum Fortschritt des Projektes beigetragen. Auch die Wojewodschaft gab und gibt trotz der Finanzmisere ihres Landes viel Geld für den Naturschutz im Landschaftspark Narew aus. So finanzierte diese Stelle mehrere Studien über die Pflanzengesellschaften und Tierbestände des Gebietes, sowie – vor allem in jüngster Zeit – über die Auswirkungen des Kanales auf Pflanzen und Tiere und über technische Lösungen zur Wiedervernässung. Nicht zuletzt brachte sie 800 Hektar überwiegend als

Przemek Bielicki, PTOP (links) und Lutz Ribbe, EURONATUR (rechts): erfolgreiche Zusammenarbeit im polnisch-deutschen Naturschutz.

Geschenk von Gemeinden, aber auch durch Kauf in den Besitz des Staates. EURONATUR wird sich auch weiterhin im Narewtal engagieren. Nach der Wiedervernässung des Narewtales ist die Entwicklung von Perspektiven für die Bevölkerung eines wichtiges Ziel.

Der National- und Landschaftspark Narew wurde von BirdLife International als "Important Bird Area" (europaweit bedeutsames Gebiet für die Vogelwelt) eingestuft. Die interessantesten Flächen liegen zwischen Kurowo, Kruszewo und Radule, zwischen Waniewo und Romanów, auf dem Gebiet des Bagno Rozgnój (Rozgnój-Sumpf) und zwischen Suraź, Borowskie und Łapy.

Kombinat Wizna: Paradies und Falle

Die bereits beschriebene große Anzahl von Wiesenbrüterarten mit zum Teil extrem hohen Bestandszahlen steht in krassem Gegensatz zum Bruterfolg einzelner Arten: im Rahmen einer umfangreichen Untersuchung konnte in den vergangenen Jahren nachgewiesen werden, daß zumindest spät brütende Arten wie Wachtelkönig, Wachtel sowie alle drei Weihenarten alljährlich nahezu einen Totalverlust an Gelegen und Jungvögeln zu verzeichnen haben. Zumindest für den Wachtelkönig, der selbst bei völligem Ausfall der Reproduktion über viele Jahre Flächen immer wieder besiedelt, stellt die Fläche des ehemaligen Kombinats Wizna eine ökologische Falle dar, die mitteleuropaweite Bedeutung besitzt. In diesem Zusammenhang sei erwähnt, daß die hohen Verluste auf den Flächen des Kombinats sicherlich auch die entsprechenden Brutvogelbestände im angrenzenden Nationalpark negativ beeinflussen. Die Gründe für die hohen Verluste liegen in ungünstigen, weil zu frühen Mahdterminen, in der großen Ausdehnung der Bewirtschaftungseinheiten, also der gleichzeitig gemähten Flächen, aber auch im hierdurch ermöglichten Einsatz schneller Mähmaschinen. Um Verluste zumindest in Teilbe-

reichen zu verringern, hat der PTOP in den vergangenen Jahren mehrere hundert Hektar Grünland gepachtet und den Mahdtermin bis Mitte August verschoben. Die Pacht von Flächen durch Naturschutzverbände kann jedoch nur eine vorübergehende Lösung sein oder als Beispiel dienen.

Ausgelöst durch wirtschaftliche Schwierigkeiten und die politischen Veränderungen in Polen, wurde im Jahre 1993 der Beschluß gefaßt, das Kombinat Wizna aufzulösen und die gesamte Fläche zu verkaufen. Bis zu ihrer Veräußerung werden die Flächen von einer Treuhandgesellschaft mit Sitz in Suwałki alljährlich an Privatlandwirte verpachtet. Die Hoffnung, daß es durch die Verpachtung der Flächen an verschiedene Privatlandwirte zu einer Verkleinerung der Bewirtschaftungseinheiten und zu einer Auffächerung des Mahdzeitpunktes kommt, hat sich nach eigenen Beob-

Links: Polen hält mit rund dreißig- bis vierzigtausend Weißstorchbrutpaaren einen erheblichen Teil des Weltbestandes.
Oben: Der Wachtelkönigbestand Polens ist mit hoher Wahrscheinlichkeit aufgrund dauernder Zuwanderung aus den individuenreichen Beständen der im Osten und Norden angrenzenden Länder stabil.

achtungen aus dem Jahre 1994 nicht erfüllt. Zur Minimierung der Verluste ist eine Konzeption für die Gesamtfläche notwendig. Durch die Umsetzung einer naturschutzfachlich fundierten Planung könnte sich die "ökologische Falle Wizna" in ein Paradies für zahlreiche Tier- und Pflanzenarten verwandeln. Die Fläche bietet die Möglichkeit zur Schaffung eines Lebensraumes für Wachtelkönig und Seggenrohrsänger, in dem auch langfristig ein Überleben dieser Arten in einer für den Weltbestand bedeutenden Größenordnung gewährleistet ist.

Menschen am Fluß

Flüsse prägen von jeher das Leben der Menschen, die an ihren Ufern leben. Entlang der Narew und Biebrza hat sich hieran bis zum heutigen Tage wenig geändert. Überflutungen zum Beispiel verhindern im Frühjahr eine landwirtschaftliche Bearbeitung der Flächen oft bis in den Juni, überschwemmte Straßen und Wege zwingen die Menschen zu langen Umwegen. Mit Selbstverständlichkeit erkundigen sich die Bauern mit ihren Pferdefuhrwerken jeden Winter und Frühling in Bronowo bei den dortigen Einwohnern, ob der Verbindungsweg nach Grądy-Woniecko über die

Narew noch immer unter Wasser steht. Ein kurzer, polnischer Kraftausdruck ("Kurwa") und sofort wird die Naturgewalt als unveränderbar akzeptiert und ein oft Stunden längerer Weg gewählt. Selbst Überschwemmungen, die über den durchschnittlichen Hochwasserstand hinausgehen, richten an Wohnhäusern und Gehöften in der Regel keine Schäden an. Zumindest die alten Dörfer sind soweit abseits der Überflutungsflächen und oberhalb der Hochwassermarken erbaut, daß Wasser hier nicht zur Bedrohung wird. Bei ablaufendem Wasser nehmen die Fähren wieder ihre Arbeit auf und bringen Menschen, Tiere und Maschinen zu den im Geflecht der Flußarme gelegenen, ausgedehnten In-

*Fähren sind für Mensch und Vieh auf gro-
ßen Flußabschnitten die einzigen Möglichkeiten, ans andere Ufer zu gelangen.*

seln. Hier weiden Kühe, und später im
Jahr wird Heu gemäht. Wo der Luxus
einer Fähre fehlt, bleibt Kühen und Pferden keine andere Wahl, als durch den
Fluß zu schwimmen. Zumindest an heißen Tagen scheinen sie dies sogar zu
genießen. Oftmals stehen Kühe in der
Mittagshitze zur Kühlung bis zum
Bauch im Wasser. Auf den Flüssen
schwimmen Enten und Gänse und er-
gänzen die idyllische Szenerie. Durch
die vom Hauptstrom abgeschnittenen
Flußarme und Gräben ziehen die Bauern
große Netze und Reusen, um die zurück-
gebliebenen Fische zu fangen. Daneben
ist Angeln entlang der Narew und Biebrza eine ausgesprochen beliebte Freizeit-
beschäftigung. Zu jeder Tages- und
Nachtzeit stehen Menschen am Ufer
oder sitzen in Booten und werfen ihre
Ruten aus. Oftmals werden die Fische

auf den Sanddünen über offenem Feuer
gegrillt. Im Hochsommer treffen sich
Kinder und Jugendliche zum Baden am
Fluß. An den kurzen Wintertagen finden
sich wiederum die Angler an den Flüssen ein, schlagen Löcher ins Eis und
versuchen auf diesem Wege, an die be-
gehrten Fische zu gelangen.

Doch auch diese malerische Welt hat
seit einigen Jahren Blessuren erhalten.
So wurde die Bevölkerung im Jahre
1994 über Rundfunk aufgefordert, vorübergehend nicht in der Narew zu baden. Die Pestizidkonzentration im Wasser hat damals einen derart hohen Wert
erreicht, daß eine Gesundheitsgefähr-
dung nicht mehr auszuschließen war.
Auslöser waren vermutlich Landwirte,
die ihre Spritzmaschinen im Fluß gewa-
schen hatten. Die Situation war besonders dramatisch dadurch, daß die meisten Bewohner der kleinen Dörfern entlang der Flüsse ihr Trinkwasser aus
Brunnen entnehmen, die unmittelbar mit
dem Fluß in Verbindung stehen. Ein

weiteres Problem, das in den vergangenen Jahren sprunghaft zugenommen hat, betrifft die Müllbelastung der Gewässer. Bis vor Kurzem existierte dieses Problem nahezu nicht. Verpackungsmaterialien aus Papier und Karton konnten schadstoffarm verbrannt werden oder sind schnell verrottet. Durch den hohen Prozentsatz an Selbstversorgung hinsichtlich Lebensmitteln waren ohnehin nur wenig Verpackungsmaterialien notwendig. Getränke wurden generell nur in Pfandflaschen abgegeben. Offensichtlich aber war nicht Vernunft sondern mangelnde Alternative die Triebfeder für vergleichsweise umweltfreundliches Verhalten. Schon zu dieser Zeit "schmückten" leere Getränke- und Spraydosen die Wohnzimmer der Menschen, die das "Privileg" von Freunden und Verwandten im westlichen Ausland besaßen. Auf Märkten wurden Plastiktüten mit Schriftzügen westlicher Firmen gehandelt wie Statussymbole. Die Öffnung zum Westen brachte in nur wenigen Jahren eine wahre Flut von westlichen Produkten selbst in den abgelegenen Dörfern mit sich. Getränkedosen aus Metall und Plastikflaschen aus Polyethylen sind mittlerweile ein allgegenwärtiges Bild. Da trotz der sprunghaft angestiegenen Müllproduktion eine Müllentsorgung jedoch weitgehend fehlt, finden sich die Überreste der neuen Freiheit in wilden Müllkippen sowie im Fluß. Ein Problem, das nach einer Lösung verlangt.

In den umliegenden Wäldern sammeln die Menschen Pilze und Beeren und bieten diese ebenso wie auf den Wiesen gesammelte Heilkräuter auf Märkten und entlang der Überlandstraßen an. Im Winter dann wird in den Wäldern Holz geschlagen. Auch hier zeigt sich die Empfindlichkeit dieses Lebensraumes. Durch die Entnahme der großen Bäume mit ausladenden Ästen sind die Horstbäume für Großgreifvögel und Schwarzstorch selten geworden und wirken vielleicht bereits jetzt in manchen Regionen bestandsbegrenzend für einzelne Arten.

Die Wegwerfgesellschaft hinterläßt auch in Nordostpolen zunehmend ihre Spuren.

Alles in allem leben die Menschen an Narew und Biebrza noch immer im Einklang mit ihren Flüssen, deren Wasserstand ebenso wie der Wechsel der Jahreszeiten ihren Lebensrhythmus bestimmt. Die vergangenen Jahre haben aber auch gezeigt, wie störungsanfällig und labil dieser Zustand ist und vor allem, wie atemberaubend schnell hier Veränderungen vor sich gehen.

Im Frühjahr sind viele Feldwege wegen Überflutung unpassierbar.

Artenvielfalt als Abfallprodukt

Die große Vielfalt von Tier- und Pflanzenarten im Narew- und Biebrzatal ist nicht das Ergebnis engagierter Naturschutzverbände, sondern resultiert vielmehr aus bestimmten landwirtschaftlichen Bewirtschaftungsformen. Überspitzt kann der Artenreichtum im Kulturland somit als "Abfallprodukt" der landwirtschaftlichen Nutzung bezeichnet werden. Durch Bewirtschaftung wurden und werden neue Lebensräume geschaffen und erhalten, die auf unberührten Flächen nicht in diesem Maße anzutreffen wären. Jeder einzelne Landwirt aber versucht, so ertragreich und damit so intensiv wie möglich zu wirtschaften. In den ausgedehnten Überschwemmungsflächen, die zum Teil sehr reichhaltig strukturiert sind und von Landwirten nur kleinräumig bewirtschaftet werden, sind der Landwirtschaft Grenzen gesetzt und es ist nur eine extensive Grünlandbewirtschaftung möglich. Sobald sich jedoch die Rahmenbedingungen ändern und eine Intensivierung der Landwirtschaft möglich ist, wird es schwer, negative Veränderungen für Tier- und Pflanzenarten aufzuhalten. Dieser selbstverständliche und fast banale Gedanke ist dennoch geeignet, den verklärten Blick auf die nordostpolnische Landwirtschaft in ein realistisches Licht zu rücken. Oder um einen ortsansässigen Bauern zu zitieren: "Die Biebrzaniederung ist tatsächlich ein wunderbares Land – für Biologen, nicht für Landwirte".

Naturtourismus – Chance und Gefahr

Die Abschaffung der Visumpflicht vor wenigen Jahren sowie weitere Reiseerleichterungen führten zu einem sprunghaften Anstieg des Naturtourismus in Polen, gerade in den naturnahen Flußtälern im Nordosten des Landes. Die Ausweisung des Biebrzatales zum Nationalpark wird diese Entwicklung noch weiter verstärken. Obwohl sich die Touristenzahlen hier im Vergleich zu bundesdeutschen Nationalparken ausgesprochen bescheiden ausnehmen, bringt auch das unkontrollierte Auftreten weniger Touristen, bedingt durch die noch fehlende Besucherlenkung, erhebliche Naturschutzprobleme mit sich: so errichteten in den vergangenen Jahren Fotografen regelmäßig Beobachtungszelte auf Balzplätzen der Doppelschnepfe oder in Kolonien von Weißflügelseeschwalben. Aus Naturschutzsicht ebensowenig wünschenwert ist die Anreise von Touristen in Wohnmobilen. Es müssen Möglichkeiten gefunden werden, den Transport und die Unterbringung von Touristen künftig umwelt- und naturverträglich sowie für die ortsansässige Bevölkerung sowohl sozialverträglich als auch ökonomisch interessant zu gestalten. Die Unzugänglichkeit weiter Teile des Tales sowie das wenig ausgebaute Verkehrsnetz eröffnen gute Chancen für eine effektive Besucherlenkung. Als problematisch sind Kanufahrten auf der Biebrza anzusehen. Hierdurch können ornithologisch besonders störungsempfindliche Bereiche insbesondere während der Überschwemmungszeit im Frühjahr leicht und ohne wirksame Kontrolle durch die Nationalparkverwaltung erreicht werden. Aus vielerlei Hinsicht besonders sinnvoll und empfehlenswert sind organisierte Gruppenreisen (siehe entsprechendes Kapitel).

Eine Kanufahrt auf der Narew zählt zu den Höhepunkten einer naturkundlichen Reise nach Nordostpolen.

Wissenschaft und Künstler

Wissenschaftler der Universität Wrocław und Białystok waren es, die in den sechziger Jahren mit Forschungsarbeiten in den Flußtälern der Biebrza und Narew begannen. Zunächst standen vor allem vogelkundliche Arbeiten wie Bestandsaufnahmen in repräsentativen Landschaftsausschnitten und eine genaue Analyse der Lebensraumwahl im Vordergrund. Die Avifauna verschiedener Vegetationstypen wurde gegeneinander abgegrenzt und Bestandsschätzungen vorgenommen. Zunehmend wurde während dieser Phase die herausragende Bedeutung der Vogelwelt des Narew- und Biebrzatales erkannt. In den darauffolgenden Jahren konzentrierten sich Wissenschaftler auf die Erforschung pflanzensoziologischer und vegetationskundlicher Aspekte sowie auf Grundlagenarbeiten zu einzelnen Vogel- und Säugetierarten. In Gugny, einem kleinen, ursprünglichen Dorf, gelegen im Südbecken der Biebrzaniederung, richtete die Universität Białystok eine Feldstation ein. Mehr und mehr führten auch ausländische Ornithologen, etwa aus Deutschland, England und Norwegen, Freilandforschung durch. Die verschiedenen Rohrsängerarten (*Acrocephalus* spec.) und allen voran der Seggenrohrsänger (*Acrocephalus paludicola*) standen im Mittelpunkt des Interes-

Piet Eggen: "Studies of aquatic life" – pencil and watercolour (Ausschnitt).

ses. Neben Fragen der Habitateinnischung und interspezifischer Konkurrenz faszinierte die Wissenschaftler das außergewöhnliche Paarungssystem des Seggenrohrsängers. Anders als bei den meisten anderen Singvögeln ist die Bebrütung des Geleges und die Fütterung der Jungvögel ausschließlich Aufgabe des Weibchens. Die Männchen beteiligen sich nicht an diesen Tätigkeiten. Ihre Aktivität hinsichtlich Fortpflanzung besteht lediglich darin zu singen und hierdurch Territorien zu besetzen, Weibchen anzulocken und unter Umständen brütende Weibchen in ihrer Nähe vor Gefahren zu warnen, sowie zu kopulieren. Die im Vergleich zu anderen Rohrsängerarten relativ großen Beutetiere und die damit zusammenhängende sehr effektive Ernährugsweise ermöglichen es dem Weibchen, auch ohne Zutun des Männchens erfolgreich zu brüten und Jungvögel aufzuziehen. Die Männchen sind hierfür sozusagen "überflüssig", was diese dazu nutzen, sich mit mehreren Weibchen zu verpaaren. In der letzten Zeit rücken verstärkt natur- und

Seit vielen Jahren führen Ornithologen im Biebrzatal wissenschaftliche Untersuchungen an Seggenrohrsängern durch.

artenschutzrelevante Forschungsprojekte in den Vordergrund. So untersucht beispielsweise seit mehreren Jahren eine deutsch-polnische Arbeitsgruppe die Habitatnutzung und das Fortpflanzungssystem von Wachtelkönig (*Crex crex*) und Tüpfelralle (*Prozana porzana*). Da gerade diese beiden Arten aus weiten Teilen Deutschlands verschwunden sind, ist es hier nicht mehr möglich, umfangreiche Untersuchungen sinnvoll durchzuführen. Die im Narew- und Biebrzatal gewonnenen Erkenntnisse können größtenteils auf andere Regionen übertragen werden und liefern so Basisinformationen für naturschutzfachlich fundierte und damit erfolgversprechende Schutzprojekte in ganz Europa. Neben der Fortführung der beschriebenen Untersuchungen ist eine Versuchsreihe über den Einfluß von verschiedenen Mähmaschinen auf Amphibienpopulationen im Grünland angelau-

Die Feldstation der Universität Białystok in Gugny im Südbecken der Biebrza.

fen. Einem wichtigen Themenkomplex wird jedoch bisher noch nicht ausreichend Aufmerksamkeit geschenkt. Wie bereits beschrieben, führt die Nutzungsaufgabe und der rein konservierende Naturschutz im Nationalpark zu einer großflächigen Verbuschung und Bewaldung. Es ist höchste Zeit, die Auswirkungen dieser Entwicklung wissenschaftlich zu untersuchen und gegebenenfalls bereits jetzt Gegenmaßnahmen zu entwickeln. Hierfür ist eine durchgehend besetzte und gut ausgerüstete ökologische Station unverzichtbar.

Wissenschaftliche Arbeiten sind im Narew- und Biebrzatal jedoch nicht nur wichtige Voraussetzung für die Beantwortung naturschutzrelevanter Fragen oder ein Beitrag zur Grundlagenforschung, sondern auch ein Wirtschaftsfaktor für die Region. Neben dem Tourismus könnte auch dieser Zweig durchaus Erwerbsmöglichkeiten für die heimische Bevölkerung bieten.

Unter der Bezeichung "Artists for Nature" hielten sich im Jahre 1992 auf Einladung des WWF 32 Künstler interna-tionaler Herkunft im Biebrza- und Narewtal auf. Stimuliert durch die Schönheit und Natürlichkeit der Flußtäler schufen sie Zeichnungen, Gemälde und Plastiken, zusammengefaßt in dem Buch "Portrait of a Living Marsh". In den Hochhausschluchten einer Großstadt, der Monotonie des Rhein-Main-Donaukanales oder vor einem 50 Hektar großen Maisfeld wären diese Werke sicherlich nicht entstanden. Eine Gemeinsamkeit von Wissenschaftlern und Künstlern begründet sich darin, daß beide Gruppen naturnahe Lebensräume für ihre Arbeit benötigen. Den engen Zusammenhang zwischen Künstlern und Wissenschaftlern hat auch der polnische Poet Adam Mickiewicz in seinen Werk "Pan Tadeusz" gezeigt. Er schreibt, daß man den Wachtelkönig zwar hören kann, daß es aber charakteristisch für diesen Vogel ist, ihn nahezu niemals zu Gesicht zu bekommen. Eine Feststellung, die Wissenschaftler bestätigen.

Was jetzt zu tun ist

Die ersten Schritte des Naturschutzes in Nordostpolen sind sehr vielversprechend und begründen schon jetzt die Vorbildfunktion dieser Region für ganz Europa. Weitere Schritte aber müssen unbedingt folgen, um das gesamte Naturerbe Nordostpolens dauerhaft zu erhalten.

Biebrza

Für die Zukunft des Nationalparks Biebrza ist es von großer Wichtigkeit, daß eine leistungsfähige, mit Personal und technischer Ausrüstung gut ausgestattete Parkverwaltung im Schutzgebiet präsent wird. Für die anfallenden Betreuungs- und Bewachungsaufgaben in den ausgedehnten Flächen ist eine entsprechend große Anzahl von Parkrangern unerläßlich. Ein System zur Besucherlenkung muß entworfen und konsequent in die Tat umgesetzt werden. Die derzeitige Situation nimmt dagegen oftmals groteske Züge an. Obwohl bereits seit dem Jahre 1994 eine Eintrittskarte zur Betretung des Nationalparkes vorgeschrieben und das Gebiet trotz seiner Weitläufigkeit aufgrund der wenigen Straßen und Brücken ausgesprochen leicht zu kontrollieren ist, sind nur die allerwenigsten Touristen auch im Besitz eines entsprechenden Tickets. Hierbei

Links: Morgendämmerung in den
Narew-Wiesen bei Wizna.
Oben: Ausgebranntes Sumpfgebiet.

ist jedoch nicht etwa böser Wille oder Ignoranz seitens der Touristen Auslöser für diesen Zustand. Vielmehr ist es auch dem regelmäßigen Besucher oftmals nicht möglich, in den Besitz einer Eintrittskarte zu gelangen. Eigentlich sollen Karten beispielsweise in den Forstämtern des Biebrzatales verkauft werden. Ich war im Herbst 1994 selbst Leiter einer Reisegruppe, der es trotz guter Ortskenntnis, trotz polnischer Reisebegleiter und trotz großer Geduld erst in der vierten Forstdienststelle möglich war, Eintrittskarten zu erwerben. Ohne unser penetrantes Verhalten hätte wohl niemand davon Notiz genommen, daß eine dreißigköpfige Reisegruppe den Nationalpark Biebrzatal besuchte.

Elementare und vielleicht entscheidende Bedeutung für das Erreichen der Naturschutzziele hat die Erhaltung der kleinbäuerlichen, extensiven Landwirtschaft zumindest in Teilen des National-

parks. Hier eröffnet der naturverträgliche Tourismus für die ortsansässige Bevölkerung die Möglichkeit zu Nebeneinkünften, ohne daß Raubbau an der Natur getrieben wird. Allerdings scheint schon jetzt festzustehen, daß eine wünschenswerte Form der Landnutzung, geprägt durch extensive Wiesenmahd zur Gewinnung von Einstreu, wie sie noch vor zwanzig Jahren durchgeführt wurde, in den staunassen Seggenwiesen auf Dauer der Vergangenheit angehört. Aus diesem Grund sollten bereits jetzt Maßnahmen erprobt werden, die geeignet sind, der weiteren Verbuschung und Bewaldung der Sümpfe Einhalt zu gebieten und Flächen offen zu halten. Selbstverständlich ist hier eine grundlegende Diskussion hinsichtlich der Naturschutzziele erforderlich, wobei bereits jetzt feststehen dürfte, daß der Schutz des Seggenrohrsängers im Biebrzatal oberste Priorität hat. Bei der Auswahl von Managementmaßnahmen müssen auch Methoden in Betracht gezogen werden, die etwa in deutschen Kleinschutzgebieten keine Anwendung finden. Hierzu ge-

hört ein regelmäßiges Abbrennen der Flächen ebenso wie hohe Großsäugerdichten oder die Veränderung des Wasserstandes. Hierbei soll nicht einem durch blinden Aktionismus geprägten Management-Pyromanentum das Wort geredet und die negativen Folgen dieser Maßnahmen nicht geschönt werden. Es mangelt jedoch an Alternativen. Der Naturschutz wird wohl niemals dazu in der Lage sein, zehn- oder zwanzigtausend Hektar Sumpfgebiet in Nordostpolen durch den Einsatz von Naturschutzverbandsmitgliedern und Zivildienstleistenden regelmäßig von Hand zu mähen. Zur Beobachtung der Veränderungen hinsichtlich Wasserstand, Vegetation und Fauna, sowie zur Erprobung verschiedener Maßnahmen ist eine dauerhaft besetzte Forschungsstation im Biebrzatal wünschenswert. Sie könnte sich zu einer Anlaufstelle und einem Zentrum für Wissenschaftler auch aus anderen Ländern entwickeln. Polen bietet derzeit hervorragende Bedingungen für naturschutzrelevante Freilandforschung, wobei der Bedarf in diesem Land im Hinblick auf die immense Ausdehnung der Schutzgebiete enorm ist.

Im Nordteil des Biebrzatales sollten die negativen Auswirkungen zurückliegender Meliorierungen und Kanalbauten rückgängig gemacht werden. Und schließlich könnten auch so einfache Aktionen wie die Bereitstellung von Nisthilfen für Weißstörche großen Erfolg haben. Sprechen Sie ihren Vermieter darauf an und vielleicht brütet schon im nächsten Jahr, wenn Sie ins Biebrzatal zurückkommen, ein Weißstorch auf der von Ihnen finanzierten Nestunterlage.

Strommasten werden von Weißstörchen regelmäßig als Nestunterlage genutzt.

Narew

Im Landschaftspark Narew sollte die Wiedervernässung der trockengelegten Flächen zügig vorangetrieben werden. Zudem ist eine personell und technisch gut ausgestattete National- und Landschaftsparkverwaltung und ein umfassendes Konzept zur Besucherlenkung notwendig. Die Grundlage wurde in Kurowo gelegt. Ein weiterer Punkt betrifft die Verbesserung der Wasserqualität der Narew. Und schließlich sollte mit wachsamen Augen der Einfluß des Stausees von Siemianówka im Oberlauf der Narew auf den Wasserstand in den ökologisch empfindlichen Bereichen im Mittel- und Unterlauf des Flusses beobachtet werden.

Heuernte auf den trockengefallenen Wiesen der Narewniederung.

Wizna

Um die angrenzenden Schutzgebiete entlang der Biebrza und Narew nicht auf Dauer in ihrem Wert zu mindern, ist es dringend erforderlich, die ökologische Falle, die die Fläche des ehemaligen Kombinates Wizna darstellt, zu beseitigen. Ein einheitliches Konzept, basierend auf wissenschaftlichen Untersuchungen und unter Einbeziehung der ortsansässigen Bevölkerung, ist zwingend erforderlich. Hierzu ist es unter Umständen notwendig, die gesamte Fläche in den Besitz des privaten oder behördlichen Naturschutzes zu bringen und das Gebiet organisatorisch dem Pufferbereich des angrenzenden Nationalparks Biebrza anzugliedern.

Oben: Viele Häuser in Nordostpolen wirken auf den Betrachter sehr malerisch, oftmals sind sie jedoch bis heute ohne fließend Wasser.
Unten: Übergang zwischen Seggenwiese und Süßgraswiese.

"Grüne Lunge Polens"

Wiederum von dem Naturschutz-Visionär Krzysztof Wolfram stammt die Idee, das Konzept der "Grünen Lunge Polens" auf die angrenzenden Länder auszudehnen und somit die Voraussetzungen für eine "Grüne Lunge Europas" zu schaffen. Es ist überaus wünschenswert, diesen für den Naturschutz in ganz Europa wichtigen und vorbildlichen Weg in Polen und den benachbarten Ländern konsequent weiterzugehen. Hierzu gehört auch die zügige Umsetzung der derzeit diskutierten Nationalparkprojekte Knyszynski, Mazurski und Suwalski. Der Nordosten Polens bietet ideale Voraussetzungen für die Erhaltung großflächiger, intakter Lebensräume in Europa. Die "Grüne Lunge Polens" ist durch den ihr zugrundeliegenden integrativen Ansatz ein beeindruckender Schritt in diese Richtung.

Die Grüne Lunge Europas, eine Idee des Naturschutzvisionärs Krzystof Wolfram.

Schlüsselgebiete der "Grünen Lunge Europas"

Ländergrenzen

Reise-
information

Hinweise und Tips
für Besucher

Reisezeit

Für ornithologisch Interessierte liegt die günstigste Reisezeit nach Nordostpolen zwischen März und Juli (besonders Mai /Juni). Zur Beobachtung von Säugetieren bietet sich vor allem der Winter mit Spurensuche im Schnee an (Białowieża). Elche sind besonders im Frühjahr zu sehen. Die entomologisch (insektenkundlich) herausragende Zeit ist Mai bis September. In diesen Monaten sind auch Kanutouren reizvoll. Mitarbeit in der Landwirtschaft ist vor allem

im Sommer und Herbst zu empfehlen (Heuernte). Die Abgeschiedenheit der Region zeigt sich am deutlichsten im Winter.

Anreise

... mit dem Flugzeug

Verschiedene Fluggesellschaften (u.a. LH, LOT) führen Flüge von mehreren deutschen Städten (u.a. München, Frankfurt, Düsseldorf, Hamburg) nach Polen in ihrem Programm. Bei einer Reise nach Nordostpolen empfiehlt sich die Anreise über Warschau. Die Flugzeit beträgt rund eineinhalb bis zwei Stunden.

Am Flughafen in Warschau unterhalten alle großen internationalen Autovermieter Vertretungen. Eine frühzeitige Reservierung von Mietwagen (möglich über die meisten Reisebüros) wird empfohlen. (Weitere Informationen siehe "Anreise mit dem Auto").

Mit dem Bus oder einem Taxi erreicht man den etwa 15 km vom Flughafen entfernten Hauptbahnhof (PKP) von Warschau (Warszawa Centralna). (Weitere Informationen siehe "Anreise mit dem Zug")

... mit dem Auto

Obwohl die Straßenverhältnisse in Polen relativ gut und – zumindest abseits der Ballungszentren – die Verkehrsdichte im Vergleich zu deutschen Verhältnissen gering ist, kann eine Reise nach Nordostpolen mit dem eigenen Wagen sehr anstrengend sein. Insbesondere im Winterhalbjahr und bei Regen ist Vorsicht geboten: unbeleuchtete Pferdefuhrwerke und fehlende Fahrbahnmarkierungen verschärfen die Situation. Besonders hingewiesen werden muß auf die zahlreichen Verkehrskontrollen (grüne Versicherungskarte!) auch auf

Nebenstraßen. In den vergangenen Jahren hat der Verkehr sprunghaft zugenommen. Es ist zu befürchten, daß diese Situation auch weiterhin anhält.

Die Anreise aus Süddeutschland erfolgt über Görlitz und Lódz oder durch die Tschechische Republik über Praha (Prag) nach Wrocław (Breslau) und Warschau. Aus Norddeutschland kommend wählt man am günstigsten den Grenzübergang Frankfurt/Oder.

Bleifreier Kraftstoff ist an den Hauptverkehrsstraßen nahezu an jeder Tankstelle, meist sogar Tag und Nacht, erhältlich. In den vergangenen Jahren sind entlang der Überlandstraßen Tankstellen wie Pilze aus dem Boden geschossen. Abseits der Hautpverkehrsstraße empfiehlt es sich, frühzeitig zu tanken. Während Tanklastzüge entladen werden, stellen die Tankstellen vorübergehend den Verkauf ein. Längere Warteschlangen können die Folge sein. Dieselkraftstoff trägt in Polen die Bezeichnung "ON", Normalbenzin "94" und Superkraftstoff ist an Zapfsäulen mit der Aufschrift "98" zu erhalten.

... mit dem Zug

Das umweltverträglichste Verkehrsmittel für die Anreise ist die Bahn. Durchgehende Schlaf- und Liegewagenverbindungen nach Warschau gibt es von Frankfurt über Leipzig und Görlitz (17 Stunden), von Köln über Düsseldorf und Hannover (15 Stunden) sowie ab Berlin (6 Stunden). Reisende ab München müssen in Hannover umsteigen (16 Stunden). Genauere Auskunft (Ermäßigungen) erteilt jedes Reisebüro, die Deutsche Bahn AG oder der Verkehrsclub Deutschland (VCD, Eifelstraße 2, 53119 Bonn). Weiterhin bieten mehrere Busunternehmen Fahrten von Deutschland nach Polen an.

In Warschau (Warszawa Centralna) kann dann in den Zug nach Białystok umgestiegen werden. Die Dauer dieser Fahrt beträgt rund 2,5 Stunden. Von hier erreichen Sie das Biebrza- und Narewtal auf folgenden Wegen:

1. mit öffentlichen Verkehrsmitteln

Das öffentliche Nahverkehrssystem ist – trotz der dünnen Besiedlung – vergleichsweise gut ausgebaut. Selbst in die kleinsten Dörfer gibt es regelmäßige Busverbindungen. Nähere Informationen erhält man zum Beispiel im Busbahnhof (PKS) von Białystok (gegenüber dem Hauptbahnhof). Die beiden im Biebrzatal gelegenen Ortschaften Mońki und Grajewo sind auch mit dem Zug zu erreichen. Öffentliche Verkehrsmittel sind in Polen in Relation zu Deutschland ausgesprochen kostengünstig. Von besonderem Reiz, nicht nur für Eisenbahnfreunde, sind die auf einzelnen Strecken in Nordostpolen noch benutzten Dampflokomotiven.

Rechts: Reiszvoll zu allen Jahreszeiten: Pferdekutschfahrten.

2. mit dem Fahrrad

Flache Landschaft und geringe Verkehrsdichte laden in Nordostpolen geradezu zum Fahrradfahren ein. Intensiver kann man ein Land und seine Natur kaum erleben. In Wizna ist ein Fahrradverleih geplant. Sie sollten sich jedoch vorher nach den Möglichkeiten erkundigen oder Ihr Fahrrad selbst mitbringen. Über Möglichkeiten, Fahrräder im Zug mit nach Polen zu nehmen, erteilt die Deutsche Bahn AG oder der Verkehrsclub Deutschland (VCD) Auskunft.

3. mit einem Mietwagen

Wie bereits erwähnt, kann man sich zum Beispiel in Warschau einen Wagen mieten. Diese Möglichkeit besteht grundsätzlich auch in Białystok. Da sich hier bisher die großen Autovermietungen jedoch noch nicht niedergelassen haben, ist es vergleichsweise schwierig, eine Vermietung ausfindig zu machen. Informationen sind in jeder Unterkunft oder beim PTOP erhältlich.

4. per Autostop

Diese Art des Reisens ist in Polen weit verbreitet und wird – anders als etwa in Deutschland – von den Behörden regelrecht gefördert. Sie werden sehen, wie schnell Sie gerade im dünnbesiedelten Nordosten des Landes mitgenommen werden und so Kontakt zur Bevölkerung bekommen. So mancher Tramper fand sich schon nach wenigen Stunden Aufenthalt in Nordostpolen in einer gemütlichen Küche mit einem Glas selbstgebranntem Wodka in der Hand. Von einem Pferdefuhrwerk mitgenommen zu werden, gehört sicher zu den bleibendsten Eindrücken einer Polenreise. Beim Autostoppen den ganzen Arm ausstrekken – nicht nur den Daumen. (Selbstverständlich sollten auch Sie als Autofahrer Tramper mitnehmen.)

Reisepapiere und Geld

Für die Einreise nach Polen ist ein Reisepaß vorgeschrieben, der noch mindestens sechs Monate gültig sein muß. PKW-Fahrer benötigen zusätzlich eine grüne Versicherungskarte (kostenlos erhältlich bei der Versicherungsagentur). Ein nationaler Führerschein ist ausreichend.

Nachdem der Kurs der polnischen Währung (Złoty) freigegeben wurde, ist der Schwarzmarkt für Devisen weitgehend verschwunden. Bargeld kann in allen Hotels oder Wechselstuben ("Kantor") getauscht werden. Zu Beginn des Jahres 1995 wurden von der alten Währung vier Nullen gestrichen und 10.000 alte Złoty entsprechen jetzt einem neuen. Hierdurch wurde die Währung zwar übersichtlicher, allerdings verlor Polen hierdurch auch die Auszeichnung, weltweit das Land mit den meisten Millionären zu sein. Eine Deutsche Mark entsprach im Juni 1996 etwa 1,8 (neuen) Złoty. Da die alten Scheine noch bis Ende 1996 gültig sind, ist beim Geldwechsel Vorsicht geboten.

Organisierte Reisen nach Nordostpolen

Mehrere polnische und deutsche Veranstalter bieten organisierte Reisen nach Nordostpolen an. Die Palette reicht hier von der Vermittlung von Übernachtungsmöglichkeiten über komplette Gruppenreisen mit verschiedenen Themenschwerpunkten bis hin zur individuellen Betreuung von Einzelpersonen und Kleinstgruppen, die ein sehr spezielles Interesse, beispielsweise hinsichtlich bestimmter Vogel- oder Pflanzenarten, haben. Das weitgehende Fehlen von touristischer Infrastruktur in Nordostpolen kann einen Aufenthalt in dieser Gegend gerade für Individualtouristen zu einem organisatorisch komplizierten Unternehmen werden lassen. In diesem Zusammenhang sei erwähnt, daß wildes Zelten auch in Polen verboten ist. Eine interessante Alternative hierzu ist der Anschluß an organisierte Reisen. Allen namhaften Reiseveranstaltern ist gemeinsam, daß sie sich sehr spezifisch auf Reiseteilnehmer einstellen. Eine deutsch- oder englischsprachige Reise-

leitung ist hierbei ebenso selbstverständlich wie gute Ortskenntnisse. Diese ermöglicht gerade in den ausgedehnten Naturräumen Nordostpolens ein intensives Naturerlebnis. Oftmals werden die Reisen von Biologen geleitet, die im Rahmen ihres Studiums wissenschaftlich in dieser Region gearbeitet haben. Weisen Sie darauf hin, daß Sie nicht in einem der wenigen Hotelklötze in Łomża oder Białystok sondern in Privatquartieren vor Ort untergebracht werden möchten. Dies ist nicht nur wesentlich kostengünstiger, sondern erspart auch relativ lange Anfahrtswege, die Sie sonst zurücklegen müßten, und erleichtert auch den Kontakt zur ortsansässigen Bevölkerung erheblich. Gerade für Familien mit Kindern ist der Aufenthalt in einem nordostpolnischen Dorf mit Hühnern, Gänsen, Schweinen, Pferden und Kühen von besonderem Reiz. Ihre Reisebegleiter organisieren Ihnen gerne Schlittenfahrten im Winter, Kutschfahrten im Frühjahr und Sommer oder Kanufahrten im Wassergeflecht der Narew. Durch die Bereitstellung von PKW oder Kleinbussen durch Reiseveranstalter ist die Anreise mit dem eigenen Wagen vollkommen überflüssig. Generell ermöglicht die Organisation einer Reise durch eine Agentur oder einen Verband nicht nur ein angenehmeres, weil wesentlich weniger organisations-

Die Trink- und Brauchwasserversorgung wird in Teilen Nordostpolens noch immer durch Brunnen gewährleistet.

aufwendiges und kostengünstigeres Reisen. Vielmehr können Sie auch sicher sein, daß Sie einen umwelt-und sozialverträglichen Aufenthalt erleben werden und nicht Fremdkörper sind. Und letztendlich unterstützen Sie die wirtschaftlich gebeutelte ortsansässige Bevölkerung in einer Region Polens, deren Zukunft vielleicht vom Naturtourismus abhängt.

Im folgenden seien die wichtigsten Veranstalter von naturkundlichen Reisen kurz vorgestellt. Die vollständigen Adressen finden sich im Adressteil. Das Telefax hat sich in den letzten Jahren zur Kontaktaufnahme bewährt. Dieser Weg ist schnell, zuverlässig und außerdem werden etwaige Sprachschwierigkeiten elegant "umgangen".

PTOP

Trotz seines "zarten Alters" von rund zehn Jahren ist der PTOP (Pólnocnopodlaskie Towarzystwo Ochrony Ptakow, Nordpodlassischer Bund für Vogelschutz) der älteste private Naturschutzverband in Polen (NGO, Non-Go-

vernmental-Organisation). In enger Zusammenarbeit mit dieser Vereinigung führt Piotr Orzechowski, Vorstandsmit-

Der PTOP begann schon vor vielen Jahren damit, naturschutzfachlich besonders interessante Flächen durch Ankauf oder Pacht zu sichern.

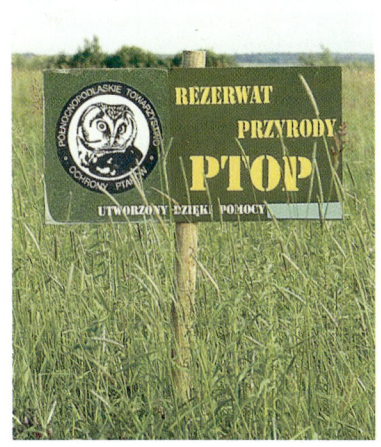

glied des PTOP, naturkundliche Reisen nach Nordostpolen durch. Ein Teil des Erlöses aus diesen Reisen geht direkt an den PTOP und kommt damit konkreten Naturschutzprojekten zugute. Die Gelder finden Verwendung beim Flächenankauf sowie bei Lebensraummanagementmaßnahmen. Die vom PTOP beschäftigten Reiseführer sind für ihre gute Orts- und Fachkenntnis nicht nur bei vogel- und säugetierkundlich geprägten Reisen bekannt. Der PTOP besitzt Geschäftsstellen in Białystok und Białowieża (siehe Adressteil). Sein praktiziertes Konzept des naturverträglichen Tourismus kann als vorbildlich bezeichnet werden.

BIRD SERVICE Tours

Das Programm von Bird Service, eines privaten Veranstalters von Reisen mit naturkundlichem und kulturellem Schwerpunkt, umfaßt eine breite Palette von Angeboten zu allen Jahreszeiten. Hierzu gehören unter anderem auch Veranstaltungen, die gezielt für Schülergruppen oder Vereine gedacht sind. Die Reiseziele dieses Veranstalters liegen nicht nur im Nordosten dieses Landes sondern in ganz Polen. In Waniewo im Landschaftspark Narew unterhält Bird Service ein Informationsbüro (deutschsprachige Mitarbeiter) mit Übernachtungsmöglichkeit (geöffnet von April bis Oktober, Vollpension, Voranmeldung nicht notwendig), einen Fahrradverleih, sowie einen gebührenfreien Campingplatz. Waniewo ist ein idealer Ausgangspunkt für Bootsfahrten auf der Narew oder organisierte Fahrradtouren. Auch die Reiseleiter von Bird Service sind für ihre in vielen Bereichen hervorragende Fachkenntnis bekannt. Hervorzuheben ist die sehr individuelle Reiseplanung. Die Arbeit von Bird Service kann uneingeschränkt als professionell, zuverlässig und fachkundig bezeichnet werden. "Ein Urlaub ist wertvoll. Er sollte nicht mit der ständigen Suche nach Unterkünften oder mit Restaurantbesuchen vergeudet werden!" (Zitat aus einem Bird Service Werbefaltblatt).

Reiseveranstalter wie zum Beispiel Bird Service Tours organisieren fachkundig geführte Reisen.

Hausenten am Rande eines Dorfes.

GREENPOINT

Bei Greenpoint handelt es sich um eine polnisch-deutsche Gruppe von Wissenschaftlern und Pädagogen, die sich Naturschutz und die Erhaltung der alten bäuerlichen Kulturlandschaft zum Ziel gesetzt haben. Neben wissenschaftlichen Forschungen und praktischen Maßnahmen sind naturkundliche Reisen Teil des sehr umfassend angelegten Konzeptes. In dem kleinen, malerischen Dorf Sośnia am Nordostrand des Biebrza Südbeckens wurde von Greenpoint-Mitarbeitern ein altes Landhaus in traditionellem Stil ausgebaut. In Wohn-und Seminarräumen können etwa 10 Personen bequem untergebracht werden.

Eko – Tourist Travel Agency

Auf naturkundliche Reisen in ganz Polen sowie der Slowakei spezialisiertes Reiseunternehmen. Organisiert Reisen nach den individuellen Wünschen und Interessen der Teilnehmer. Reiseleitung durch qualifiziertes Personal.

Nature Travel

Organisiert Radreisen durch Masuren, Pommern und Nordostpolen. Fahrräder werden zur Verfügung gestellt. Weiterhin naturkundliche, besonders ornithologische Touren ins Biebrza- und Narewtal und nach Białowieża.

DNV – Tours

Erfahrenes Reiseunternehmen, das seit vielen Jahren Studienreisen mit allgemein naturkundlichem Schwerpunkt sowie Spezialtouren für Ornithologen und Botaniker auch nach Nordostpolen anbietet. DNV-Tours führt darüber hinaus im Auftrag von Naturschutzgruppen, Volkshochschulen, Forstdienststellen

> Weiterhin führen nahezu alle großen deutschen Naturreiseveranstalter wie Dr. Kochs Reisen oder Naturreisen, aber auch zahlreiche kleinere Agenturen wie etwa Na-Tour Umweltreisen, Nordostpolen in ihrem Programm.

usw. Schwerpunktreisen mit individueller Gewichtung durch. Auch Radreisen werden angeboten.

Schlußbemerkung

Selbstverständlich ist es möglich, am Freitag Nachmittag mit dem Flugzeug von einer deutschen Großstadt nach Warschau zu fliegen, unmittelbar danach in den bereits bestellten Mietwagen zu steigen und wenige Stunden später in einem (der wenigen) großen Hotels in Nordostpolen anzukommen, dort die Nacht zu verbringen, dann eineinhalb Tage durch Nordostpolen zu fahren und bereits am Sonntag Abend wieder in Deutschland zu sein. Technisch stellt dies keine nennenswerte Schwierigkeit dar. Neben der erheblichen Umweltbelastung durch diese Form des Reisens wird ein derartiger "Nordostpolen-Stopover" jedoch kaum einen bleibenden Eindruck hinterlassen. Ich empfehle Ihnen ganz dringend, die Umstände einer Anreise mit dem Zug auf sich zu nehmen, um sich dann mit öffentlichen Verkehrsmitteln oder dem Fahrrad weiterzubewegen. Oder leisten Sie sich den (finanziell ohne weiteres erschwinglichen) Luxus eines Reisebegleiters, vielleicht sogar aus einem polnischen Naturschutzverband. Und: lassen Sie sich Zeit. Zeit ist in Nordostpolen die Ressource, die scheinbar unbegrenzt zur Verfügung steht. Akzeptieren und genießen Sie diesen Rhythmus – und eine Reise nach Nordostpolen wird zu einem unvergeßlichen Erlebnis.

Unterkünfte

Alle größeren Städte wie Białystok, Łomża und Augustow verfügen über Hotels. Einfachere Unterkünfte gibt es auch in den kleineren Städten wie Mońki, Tykocin und Łapy. Ausgesprochene Touristenunterkünfte, die in den vergangenen Jahren zunehmend erbaut wurden, sind in der Regel bereits frühzeitig ausgeschildert (z.B. Pensionen in Wizna, Wizna-Sulin, "House upon the Meadows" nahe Tykocin, Bird Service in Waniewo und Greenpoint in Sośnia). In Drosdowo existiert ein naturkundliches Museum mit einer umfangreichen Vogelsammlung. In dem Gebäude bestehen auch Übernachtungsmöglichkeiten.

Sie können aber auch – und dies ist besonders reizvoll – in Forsthäusern (z.B. Barwik, Lascowiec) oder privat bei Landwirten wohnen. Ein Problem hierbei ist, daß freie Privatzimmer nur in Ausnahmefällen als solche vor den Häusern ausgeschildert sind. Ein kleines polnisch-deutsches Wörterbuch ist bei Nachfragen sicherlich hilfreich.

Hinweis: Ausgesprochen hilfreich bei der Suche nach Privatquartieren ist eine Broschüre herausgegeben vom ODR Szepietowo (Agricultural Consulting Centre in Szepietowo). Unter dem Stichwort "Agroturystyka" haben sich Besitzer zahlreicher Privatquartiere in der Wojewodschaft Łomża zusammengeschlossen. Sie verfolgen das Ziel, den Tourismus im ländlichen Raum zu fördern und durch die Zusammenarbeit mit Landwirten der Umgebung diesen zusätzliches Einkommen zu verschaffen. In der genannten Broschüre sind 20 Privatquartiere in englischer und polnischer Sprache vorgestellt und sowohl die Ausstattung der Unterkünfte als auch die Umgebung beschrieben. Die Broschüre ist bei der ODR Szepietowo (siehe Adressteil) oder bei Zenon Borawski in Wizna (Zenon Borawski, ul. Zamkowa 7, 18-430 Wizna, Polen, Fax +48-86-17 60 76) zu erhalten.

Campingplätze befinden sich im Nationalpark Biebrza bei Osowiec, Goniądz und Budy bei Barwik. Weitere Zeltplätze sollen in Kürze ausgewiesen werden. Der aktuelle Stand kann in der

Alle Gebäude entlang der Narew und Biebrza sind oberhalb der Hochwasserlinie gebaut, wodurch es auch bei Jahrhunderthochwassern kaum zu Schäden kommt.

Nationalparkverwaltung erfragt werden. Besucher des Landschaftsparks Narew finden Campingmöglichkeiten unter anderem in Kol. Topilec, Śliwno und Kruszewo. Näheres ist im Informationszentrum des Landschaftsparks in Kurowo zu erfragen.

Auf Anfrage ist es in der Regel auch möglich, bei Forsthäusern oder Privathäusern ein Zelt aufzustellen.

Lebensmittel, Post und Telefon

Die Versorgung mit Grundnahrungsmitteln stellt in ganz Nordostpolen keinerlei Problem dar. Auch in kleinen Dörfern befinden sich Geschäfte ("sklep"), in denen neben Lebensmitteln und Getränken auch Hausrat- und Drogerieartikel angeboten werden. Selbstverständlich ist es auch möglich, bei benachbarten Landwirten Obst, Gemüse, frische Milch, Eier oder Fleisch zu kaufen.

Für Telefongespräche ist zumindest in den kleinen Dörfern ohne Direktwahlverbindung noch immer viel Geduld und eine laute Stimme erforderlich. Von den Postämtern größerer Ortschaften und Städte und seit kurzer Zeit auch von zahlreichen Münz- oder Telefonkartenfernsprechern kann ohne Schwierigkeiten ins Ausland angerufen werden. Telefonkarten sind beispielsweise in Postämtern zu erhalten. Luxushotels verfügen über Satellitenverbindungen, die in der Regel auch Nicht-Hotelbewohnern zur Verfügung stehen.

Sonstiges

Zahlreiche wichtige Adressen und wertvolle Hinweise sind im jährlich neu erscheinenden "Handbuch der Touristik für den Deutschen Reisemarkt" aufgelistet. (kostenlos erhältlich im Polnischen Informationszentrum für Touristik, Waidmarkt 24, 50 676 Köln)

Touristische Informationen erteilt das mit "it" gekennzeichnete Informationsbüro in Białystok (ul. Sienkiewicza 3).

Tourenvorschläge und Aussichts- punkte im Biebrza- und Narewtal

1. Kuligi – Grzędy – Czerwone Bagno (Rote Sümpfe):

Verschiedene Waldtypen, Aussichts- turm auf einer Düne im Südteil (Elche!). Eintrittskarte in Grzędy erhältlich.

2. Gugny – Kaliszek – Barwik:

Seggengesellschaften, Sanddünen, Aus- sichtsturm auf einer Düne. Entrittskar- ten erhältlich in Gugny und Barwik (Doppelschnepfenbalzplatz westlich von Barwik).

3. Kaiserdamm:

Bruchwald und Seggenflächen. Ein- trittskarte erforderlich. (Seggenrohr- sänger!)

4. Laskowiec – Zajki:

Bewirtschaftete Seggenwiesen (bitte unbedingt auf Wegen bleiben). Keine Eintrittskarte erforderlich. (Wiesenbrü- ter, Amphibien!)

5. Wizna-Wiesen und Kombinat

Verschiedene Grünlandtypen (bitte un- bedingt auf den Wegen bleiben). Keine Eintrittskarte erforderlich. (Wiesenbrü- ter, Greifvögel, Biber!)

Routenvorschläge (mit Liste der zu er- wartenden Vogelarten) finden sich auch im demnächst erscheinenden Buch von Dyrcz, A., M. Flade & N. Schäffer mit dem Titel "Die Vögel des Biebrzatales". Hierin werden Besucher um Meldung ornithologischer Beobachtungen als Grundlage für ein Monitoring gebeten.

Günstige Beobachtungspunkte (zum Teil mit Beobachtungstürmen) im Narew- und Biebrzatal sind in den je- weiligen Karten eingezeichnet.

Biebrza Mittel- und Nordbecken

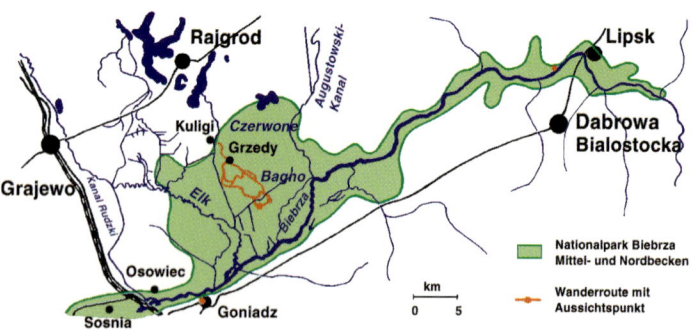

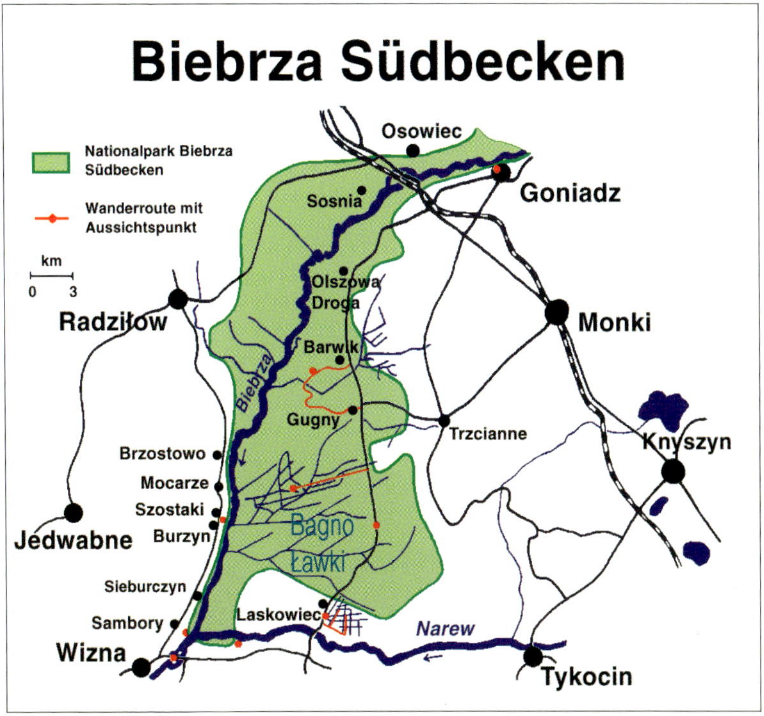

Biebrza Südbecken

Nationalpark Biebrza Südbecken

Wanderroute mit Aussichtspunkt

km
0   3

Osowiec
Goniadz
Sosnia
Olszowa Droga
Barwik
Radziłow
Monki
Biebrza
Gugny
Trzcianne
Knyszyn
Brzostowo
Mocarze
Szostaki
Burzyn
Bagno Ławki
Jedwabne
Sieburczyn
Sambory
Laskowiec
Narew
Wizna
Tykocin

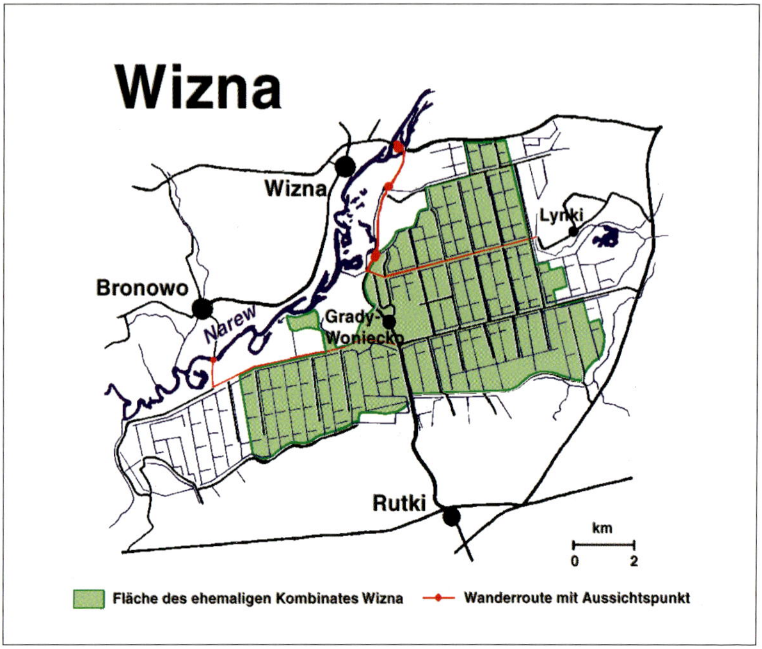

Wizna

Wizna

Lynki

Bronowo

Narew

Grady-
Woniecko

Rutki

km
0   2

| | Fläche des ehemaligen Kombinates Wizna | ◆ | Wanderroute mit Aussichtspunkt |

Vorige Seite: Schafstelze.

Unten: Beobachtungstürme nahe dem Doppelschnepfenbalzplatz bei Barwik.

Regeln im Nationalpark Biebrza

Für den Nationalpark Biebrza wurde eine Verordnung erlassen, in der auch Verhaltensregeln für Besucher festgelegt sind. Die wichtigsten Punkte sind hier zitiert:

1. Die Betretung und Befahrung des Nationalparks ist erlaubt:
   – auf allen öffentlichen Wegen (befestigte Wege und Zufahrten zu den Dörfern) ohne Eintrittskarte;
   – auf allgemeinen, ausgewiesenen Wanderrouten, ebenfalls ohne Eintrittskarte;
   – auf den Hauptwasserwegen (Flußlauf Biebrza, Flußlauf Ełk, Augustowski Kanal) mit Eintrittskarte, Genehmigung der Parkverwaltung und in einer Gruppengröße von maximal 20 Personen;
   – auf vom Nationalpark ausgewiesenen Routen mit Eintrittskarte (Gruppen bis 7 Personen) bzw. mit Führer der Nationalparkverwaltung (Gruppen von 7 bis 25 Personen); im Mittelbecken (Czerwone Bagno) ist eine Genehmigung erforderlich;
   – mit spezieller Genehmigung und Führer auch in Gebieten abseits der ausgewiesenen Touristenrouten (Gruppen bis 7 Personen);

2. Jede Route kann während der Brut oder Brunftzeit gesperrt werden;

3. Campieren ist nur auf den ausgewiesenen Campingplätzen in Barwik, Osowiec, Biały Grąd, Burzyn und Grzędy gestattet.

Von der Nationalparkverwaltung wurden eigene Führer angestellt. Hinzu kommen etwa zwanzig Personen mit Führererlaubnis aus der näheren Umgebung. Eine Eintrittskarte kostete im Frühjahr 1995 zwei (neue) Złoty für Erwachsene und einen (neuen) Złoty für Kinder, Schüler und Studenten jeweils für den ersten Tag. An allen weiteren Tagen muß nur noch die Hälfte der genannten Beträge bezahlt werden. Eintrittskarten sind zu erhalten bei der Nationalparkverwaltung in Osowiec, in den Verwaltungsabteilungen in Tama und Goniądz, auf den Zeltplätzen in Barwik und Osowiec sowie bei den Förstern in Grzędy, Laskowiec, Werykle und Trzyrzeczki.

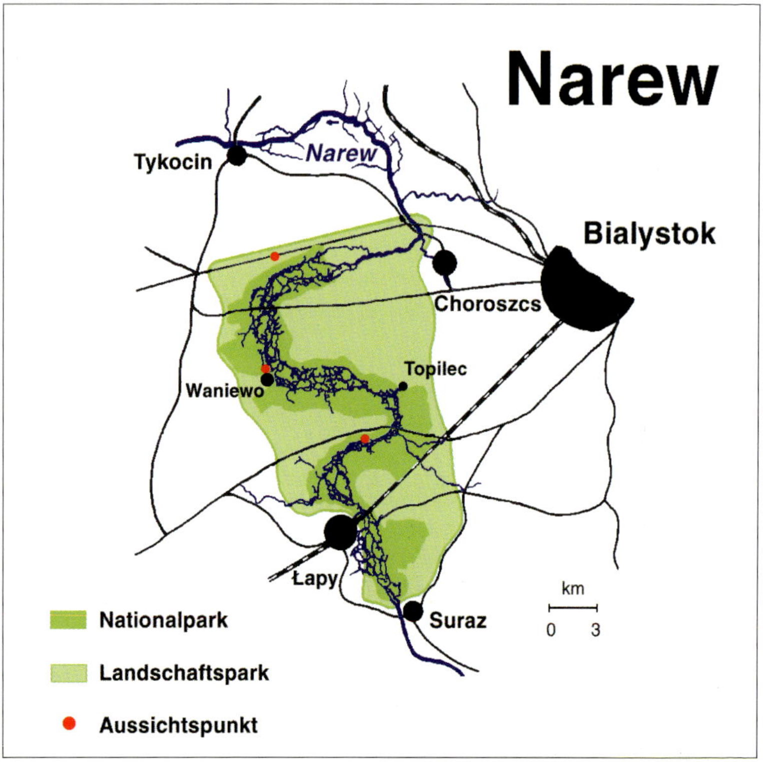

Narew

Tykocin *Narew*

Bialystok

Choroszcs

Topilec

Waniewo

Łapy

Suraz

km
0   3

■ **Nationalpark**

■ **Landschaftspark**

● **Aussichtspunkt**

Kanufahrten

Kanufahrten sind sogar im Nationalpark Biebrza auf dem Hauptarm des Flusses genehmigt. Aus Naturschutzgründen sollte hierauf im Nationalpark jedoch verzichtet werden. Ohnehin interessanter sind Touren auf der Narew oder dem Augustowski Kanal. Bitte beachten Sie die geltenden Vorschriften und erkundigen Sie sich bei Ihrem polnischen Reiseleiter oder den polnischen Naturschutzverbänden.

Zelten ist in den Nationalparks nur auf ausgewiesenen Campingplätzen erlaubt.

Blutsaugende Plagegeister

Biologen haben in den vergangenen Jahren alleine im Biebrzatal 40 verschiedene Mückenarten gezählt. Was zunächst nur eine abstrakte Zahl ist, entpuppt sich spätestens im Laufe des Mai zu einer Qual für Menschen und alle warmblütigen Tiere (Vögel und Säugetiere): besonders an warmen, windstillen Abenden steigt dann in wahren Wolken ein myriaden Individuen zählendes Heer von Stechmücken aus dem Sumpf, die Männchen auf der Suche nach Weibchen, die Weibchen jedoch auf der Suche nach einer Blutmahlzeit.

Es sind tatsächlich nur die Weibchen und auch nur einige Arten, die Mensch und Tier peinigen - ein schwacher Trost. Die weiblichen Mücken müssen mindestens einmal Blut saugen, um sich fortpflanzen zu können, und sie tun dies überaus erfolgreich. Wenn im Laufe des Sommers der Wasserstand zurückgeht und der überwiegende Teil der Mückenlarven in austrocknenden Pfützen und Wasserlachen vertrocknet, ist das Ende der Plagegeister noch lange nicht in Sicht: Bremsen treten an die Stelle der Stechmücken, zwar farbenprächtiger, aber kaum weniger lästig.

Von April bis September ist auch die Gefahr, die in Form von Zecken in hoher Vegetation und Büschen lauert, zwar nicht sehr groß, aber dennoch nicht zu unterschätzen. In Nordostpolen kommen einige in Größe und Farbe sehr verschiedene Zeckenarten vor, von denen die meisten allerdings harmlos sind. Vor allem die Zecken der Gattung *Ixodes* übertragen zwei ernstzunehmende Krankheiten. Gegen die eine Krankheit, die Gehirnhautentzündung (FSME), ist eine vorsorgliche Impfung möglich und wird zumindest bei längerem Aufenthalt in Sumpfgebieten und Wäldern empfohlen. Wesentlich häufiger ist die zweite von *Ixodes* spec. übertragene Borreliose, die das Lymphgefäßsystem angreift. Während ihres zweijährigen Lebenszyklus infiziert sich die Zecke als Larve über ihre erste Blutmahlzeit, zum Beispiel bei Mäusen, mit Bakterien (*Borrelia burgdorferi*). Im Nymphenstadium gibt sie diese an andere Warmblüter, so auch an den Menschen, weiter. Erstes Anzeichen ist eine rötliche Färbung der Haut rund um die Bißstelle nach ein bis zwei Tagen. Drei bis dreißig Tage später verschwindet die rote Färbung und es treten Symptome wie bei Grippe auf, bis hin zu Rheumaerscheinungen und Schmerzen in verschiedenen Organen im fortgeschrittenen Stadium der Borreliose, die dann nur sehr schwer zu heilen ist. In den ersten Tagen ist bei früher Erkennung der Symptome der weitere Krankheitsverlauf durch Antibiotika fast sicher aufzuhalten. In den USA wird an einem Impfstoff gegen diese Krankheit gearbeitet.

Ausflüge in die Umgebung

Urwald Białowieża

Auf Anhieb gelingt es nur den wenigsten Nicht-Polen, den Namen "Białowieża" richtig auszusprechen. Bei Naturschützern und Förstern aber weckt dieses Wort Begeisterung und Faszination. "Białowieża", das ist ein dreitausend Einwohner zählendes Dorf, etwa 100 Kilometer südöstlich der Biebrzamündung, direkt an der polnisch-weißrussischen Grenze gelegen. Die Gegend berühmt gemacht aber hat nicht das Dorf, sondern der gleichnamige Urwald, vielleicht das letzte von forstwirtschaftlichen Maßnahmen weitgehend unberührte Waldgebiet im europäischen Tiefland. Im Laufe der vergangenen Jahrhunderte versammelten sich litauische Fürsten, polnische Könige und russische Zaren im Urwald von Białowieża zur Jagd. Sie stellten Wisenten, Elchen, Hirschen, Wildschweinen, Bären und Wölfen nach und verhinderten, um sich ihr Jagdgebiet zu erhalten, die Abholzung der Bäume. Erst während der deutschen Besatzung im ersten Weltkrieg wurde damit begonnen, Forstwirtschaft in nennenswertem Umfang zu betreiben. Binnen nur drei Jahren wurden rund fünf Millionen Kubikmeter Holz entnommen, doch schon im Jahre 1921 wurde eine Teilfläche als Schutzgebiet ausgewiesen, und die Sägen und Gewehre verstummten für immer. Lange bevor in Deutschland über diese Schutzkategorie überhaupt nachgedacht wurde, erfolgte die Ausweisung des Urwaldes zum ersten polnischen Nationalpark. Die UNESCO ernannte den Nationalpark im Jahre 1977 zu einem Biosphären Reservat und seit 1979 wird der Urwald von Białowieża, als einziger Naturraum Polens, auf der Liste des Welterbes ("World Heritage List") geführt.

Der gesamte geschlossene Waldkomplex umfaßt rund 1.250 Quadratkilometer, wovon 580 Quadratkilometer auf polnischer Seite liegen. Den Status "Na-

Oben: Der Urwald von Białowieża bildet den letzten Rest Tieflandurwaldes in Mitteleuropa.
Links: Eingang zum Nationalpark Białowieza.

tionalpark" jedoch trägt nur ein Teil dieser Fläche, und zwar exakt 9.870 Hektar im Zentrum des Gebietes. Hiervon wurden 5.100 Hektar erst im Juli 1996 als Nationalpark ausgewiesen. Dies kann als großer Erfolg der Naturschutzorganisationen und -behörden angesehen werden, die sich seit Ende 1994 zu einer Kampagne für die Erhaltung des Urwaldes zusammengeschlossen haben. Im Nationalpark ist jegliche Form der

Forstwirtschaft untersagt und das Betreten nur mit einer speziellen Erlaubnis und einem einheimischen Führer genehmigt. Ganz selbstverständlich ist jeder KFZ-Verkehr verboten und die Befahrung der Waldwege nur mit Pferdekutschen möglich. Die Umgebung des Nationalparks soll Ende 1996 zum Landschaftspark ausgewiesen werden.

Im Nationalpark dominieren zweieinhalb Meter dicke Stieleichen (*Quercus robur*) und Fichten (*Picea abies*), die bis zu 45 Meter in den Himmel ragen, das Bild, ergänzt von einer ganzen Palette weiterer Baum- und Straucharten. Eine in Deutschland sehr häufige und weit verbreitete Baumart jedoch fehlt: die Rotbuche (*Fagus sylvatica*). Ihre natürliche Verbreitungsgrenze ist, bedingt durch Nachtfröste noch lange ins Frühjahr hinein, in Nordostpolen bereits überschritten. Besonders auffällig sind die vielen stehenden und liegenden Totholzstämme, Lebensraum für fast unüberschaubar viele Insektenarten und diese wiederum Nahrung für zahlreiche Vogelarten. Neun Spechtarten brüten hier auf engstem Raum, darunter in Deutschland so seltene und auf die Al-

Auch sie sind "Urwaldriesen": Wisente.

pen und den bayerischen Wald beschränkte Arten wie Weißrückenspecht (*Dendrocopos leucotos*) und Dreizehensprecht (*Picoides tridactylus*) können sogar von den Waldwegen aus beobachtet werden. Die von den Spechten gezimmerten Höhlen nutzen zum Beispiel Rauhfußkauz (*Aegolius funereus*), Sperlingskauz (*Glaucidium passerinum*) und Waldkauz (*Strix aluco*) zur Anlage ihrer Nester. Im Frühjahr dominieren neben dem Buchfink (*Fringilla coelebs*) drei Fliegenschnäpperarten, namentlich Zwergschnäpper (*Ficedula parva*), Halsbandschnäpper (*Ficedula albicollis*) und Trauerschnäpper (*Ficedula hypoleuca*), das Stimmengewirr im Wald. Obwohl hier ausgesprochen häufig, ist das Haselhuhn (*Bonasa bonasia*) nur mit etwas Glück zu sehen. Auf den ausladenden Ästen der Baumriesen errichten Schwarzstörche (*Ciconia nigra*) und Schreiadler (*Aquila pomarina*) ihre mächtigen Horste. Ein Ausnahmegast ist der Grüne Laubsänger (*Phylloscopus trochiloides*), der hier, weitab seines eigentlichen Verbreitungsgebietes, nur in Einzeltieren anzutreffen ist. Mindestens ebenso aufsehenerregend wie die Vogelwelt gestaltet sich die Säugetierfauna des Urwaldes. Wolf (*Canis lupus*), Luchs (*Lynx lynx*), Wildschwein (*Sus scrofa*) und Rothirsch (*Cervus elaphus*) sind ebenso selbstverständlicher Bestandteil dieses Lebensraumes wie Elch (*Alces alces*) und Biber (*Castor fiber*) entlang der kleinen Flüsse. Herausragende Art ist jedoch sicherlich der Wisent (*Bison bonasus bonasus*), der in Białowieża vor dem endgültigen Aussterben gerettet werden konnte. Da sich die Tiere in erster Linie auf den kleinen Kahlschlägen im Umgriff um den Nationalpark aufhalten und hier die Bäume verbeißen, kommt es immer wieder zu Interessenskonflikten zwischen Naturschutz und Förstern. Durch gezielte Fütterung im Winter wird versucht, den Verbiß möglichst gering zu halten, und man ist hierfür bereit, die Grundidee eines Nationalparks aufzugeben. Gute Möglichkeiten, auf Wisente zu treffen, ergeben sich entlang der Teerstraße von Hajnówka nach Białowieża. Einige Exemplare werden in der zum Nationalpark gehörenden Gehegezone, kurz nach dem Ortsausgang von Białowieża in Richtung Hajnówka, den Besuchern gezeigt. Hier findet sich neben anderen Tieren auch eine ''Rückzüchtung'' des Tarpans (*Equus przewalski caballus*) in seinem äußeren Erscheinungsbild dem ausgestorbenen Original recht ähnlich. Braunbären (*Ursus arctos*) sind in Nordostpolen bereits vor langer Zeit ausgerottet worden, ein Wiederansiedlungsversuch in den dreißiger Jahren unseres Jahrhunderts scheiterte. Neben Feldhasen (*Lepus europaeus*) leben sogar Schneehasen (*Lepus timidus*) in der Umgebung des Nationalparks.

Tarpan.

Naturschutz, Forschung sowie Weiterbildung und Tourismus sind die Aufgaben und Ziele des Nationalparks. Erreicht werden sie zum Beispiel durch gezielte Besucherlenkung mit einheimischen Führern, Betretungsverbot in großen Teilen des Nationalparks, die Gehegezone sowie ein Museum. Besonders vorbildlich ist auch die wissenschaftliche Arbeit im Nationalpark. Bereits seit 1932 existiert durchgehend eine Forschungsstation, und bis heute haben sich drei Institute in Białowieża angesiedelt. Es sind dies das Säugetierkundliche Institut, das Geobotanische Institut und die Abteilung für Naturschutz des Forstwissenschaftlichen Instituts. Durch die Veröffentlichung zahlreicher Publikationen und die Herausgabe mehrerer Zeitschriften haben die Wissenschaftler in Białowieża weit über die Grenzen Europas hinaus Ruhm erlangt. Für wissenschaftliche Untersuchungen über natür-

liche Prozesse und die Dynamik von Lebensräumen, über den Einfluß von Großsäugern auf die Vegetation und die Beziehungen von Raubsäugern zu Pflanzenfressern, für entomologische, pflanzensoziologische, bodenkundliche und avifaunistische Fragestellungen bietet der Urwald von Białowieża eine unersetzbare Grundlage. Mit großem Erfolg und spannenden Ergebnissen werden seit einigen Jahren Marder, Luchse und Wölfe im Urwald von Białowieża telemetriert. Zum Fang der Wölfe wurde eigens eine neue Methode entwickelt: die Tiere werden mit Netzen gefangen. Nur wenige Gebiete Europas bieten derart hervorragende organisatorische und naturräumliche Bedingungen für freilandökologische Untersuchungen.

Vor wenigen Jahren wurde rund 12 Kilometer von der Grenze des Nationalparks entfernt und unmittelbar am Rande des gesamten Waldkomplexes der Stausee Siemianówka gebaut. Welche Folgen die Veränderung des Grundwasserspiegels nach sich ziehen wird, ist derzeit noch nicht abzuschätzen. Die weltweite Klimaänderung sowie die Luftverschmutzung machen auch vor den Grenzen eines Nationalparks nicht halt. Und schließlich haben Wissenschaftler des Säugetierkundlichen Instituts belegt, daß ein erheblicher Teil der Luchse und Wölfe Wilderern zum Opfer fällt oder auf weißrussischer Seite – vor allem von deutschen Jägern – erlegt wird. Immer wieder kommt es vor, daß Forstarbeiter Wolfswelpen aus dem Wald mitnehmen und als Hunde auf dem Markt verkaufen. Einzelne dieser Tiere wurden in der Vergangenheit im Säugetierkundlichen Institut abgegeben und dann, da es nicht möglich ist, diese Tiere in die freie Wildbahn zurückzubringen, in der Gehegezone gehalten. Diese Beispiele zeigen, daß der Urwald Białowieża kein auf alle Zeit geschütztes Gebiet ist und auf welch empfindlichen Füßen die Zukunft des Nationalparks steht. Die internationale Auszeichnung des Gebietes sollte Grund genug für die Völkergemeinschaft sein, Maßnahmen zur Erhaltung dieses Naturerbes zu ergreifen.

Eine gut ausgebaute, touristische Infrastruktur in Białowieża ermöglicht Besuchern einen problemlosen und angenehmen Aufenthalt in dieser Region. Hotels und Restaurants, das naturkundliche Museum und die Nationalparkverwaltung befinden sich im Schloßpark ("Park Pałacowy") am Nordostrand des Dorfes. Besonders reizvoll ist ein Besuch Białowieżas im Frühjahr, aber auch der Spätwinter birgt einige interessante Beobachtungsmöglichkeiten. Dann durchziehen unzählige Schneespuren von Säugetieren den Wald und erzählen von den Ereignissen der vergangenen Nacht. Ein polnischer Führer, der Ihnen gerne von den Hotels oder dem PTOP vermittelt wird, ist eine große Hilfe beim Bestimmen der Spuren. Angenehm, interessant und zugleich umweltfreundlich ist eine Fahrt mit einer Pferdekutsche durch den Wald oder die kleinen Dörfer.

Handaufgezogener Wolf in der Gehegezone des Nationalparks Białowieża.

Entwarnung für den Wisent

"The Battle of the Bison Forest" - betitelte das BBC -zugegeben reißerisch - eine Filmdokumentation über den Wald von Białowieża mit Wisenten (*Bison bonasus bonasus*) als "Hauptdarstellern". Kaum eine andere europäische Tierart ist so knapp dem vollkommenen Aussterben entkommen wie dieser nahe Verwandte unseres Hausrindes. Noch im 19. Jahrhundert waren Wisente eine begehrte und daher intensiv gehegte Jagdbeute. Übermäßiger Abschuß führte jedoch zu einem Zusammenbrechen der Bestände, bis schließlich im Jahre 1919 der letzte freilebende Wisent von einem Wilderer erlegt wurde.

Ehemals war diese Wildrindart in der gemäßigten Klimazone ganz Eurasiens verbreitet. Nach 1919 lebten nur noch einzelne Individuen verteilt über mehrere Zoos. Ihr endgültiges Aussterben schien nahe. Doch der Zoologe Jan Sztolcman erkannte die Situation. In einer als "flammend" beschriebenen Rede auf einem Kongress in Paris wies er darauf hin, daß es nur durch schnelle und internationale Zusammenarbeit möglich sein würde, das Überleben der mit einem Gewicht von bis zu 800 Kilogramm und einer Schulterhöhe von zwei Metern größten landlebenden Säugetierart Europas zu sichern.

Im Jahre 1929 wurden alle noch lebenden Tiere, die auf nur zwölf nicht direkt blutsverwandte Vorfahren zurückzuführen waren, nach Białowieża in ein Gehege gebracht. Durch genaue Buchführung und entsprechende Kreuzung der Tiere sollten Inzuchteffekte vermieden werden. Die Wisente vermehrten sich erfreulich gut, und somit war es im Jahre 1952 möglich, zwei Bullen ins Freiland zu bringen. Nach zwei Jahren stand fest, daß sich die Tiere ohne weiteres in den natürlichen Wäldern ernähren können und daß sie gegen Menschen keine Aggressivität zeigen. Nun konnten auch weibliche Tiere ins Freiland entlassen werden.

Bereits 1956 wurde das erste Wisentkalb im Freiland geboren und die immensen Anstrengungen zur Erhaltung des Wisents somit von Erfolg gekrönt. Mittlerweile leben 250 Individuen in den Wäldern zwischen Białowieża und Hajnówka und 200 weitere Tiere auf russischer Seite. Auch in anderen Teilen Europas konnten Wisente erfolgreich wiederangesiedelt werden. Schätzungen des Weltbestandes in freier Wildbahn und in zoologischen Gärten liegen derzeit bei rund 2.000 Tieren.

Trotz ihrer Größe sind Wisente meist sehr friedliche und scheue Tiere. Zusammenstöße mit Menschen werden nahezu niemals beschrieben. Gelegentlich dringen die Tiere im Winter in den Friedhof von Hajnówka ein, um den Grabschmuck zu fressen, oder bedienen sich in den Gärten der am Waldrand gelegenen Häuser am liegengebliebenen Obst. Bei einer derartigen Gelegenheit hat der Bewohner eines Hauses vor einigen Jahren versucht, den Eindringling zu vertreiben, indem er seinen Dackel auf ihn "hetzte". Dieses Unterfangen war nicht sehr erfolgreich und endete für den Dackel tödlich.

Immer wieder verlassen einzelne Wisentbullen den geschlossenen Wald und wandern lange Strecken über landwirtschaftliche Nutzflächen. Hierbei treffen sie oftmals auf Milchkühe und bespringen diese, was für die Kühe regelmäßig gebrochene Rippen zur Folge hat. Die Bullen werden von Mitarbeitern der Nationalparkverwaltung meist wieder eingefangen und in den "Forest of the Bison Battle" zurücktransportiert. Der erwähnte BBC-Film wird Ihnen in einigen Hotels in Białowieża gerne als Video vorgeführt.

Stausee Siemianówka

Der bereits angesprochene Stausee Siemianówka ("Zalew Siemianówka") liegt nördlich von Białowieża. Hier wurde die Narew zu einem See mit einer Länge von über zehn Kilometern und einer Breite von fast fünf Kilometern angestaut. Bereits im Jahre 1964 begannen die Planungen für dieses Großprojekt, der Baubeginn jedoch verzögerte sich bis 1977 und erst im Jahre 1988 konnten die polnischen Behörden mit der Flutung beginnen. Kenner der Gegend behaupten, daß während der Bauarbeiten nicht nur an Stausee selbst gearbeitet wurde, sondern umfangreiches Baumaterial, das für die Errichtung der Staumauer vorgesehen war, im Neu- und Ausbau zahlreicher privater Häuser und Stallungen Verwendung fand. Doch die ortsansässige Bevölkerung hatte nicht nur Vorteile durch den Anstau der Narew. Zahlreiche Bewohner von kleinen Dörfern mußten umgesiedelt werden, was gerade für alte Menschen zu einem existentiellen Problem wurde. Bei maximalem Wasserstand bedeckt der Stausee 3.200 Hektar und faßt 65,6 Millionen Kubikmeter Wasser, das hauptsächlich als Trinkwasser für die Stadt Białystok und für das – mittlerweile aufgelöste – Kombinat Wizna genutzt wird. Weiterhin war die Hochwasserfreilegung der flußabwärts gelegenen Ortschaften beabsichtigt. Derzeit ist nicht abzusehen, welchen Einfluß das Hochwasserrückhaltebecken für Tier- und Pflanzenwelt der naturnahen Überflutungsflächen entlang der Narew hat. Daß Baumaßnahmen nur sehr unzureichend in der Lage sind, die Gewalt eines Flusses zu bändigen, könnten die polnischen Wasserbauer aus den mittlerweile alljährlich wiederkehrenden "Jahrhunderthochwassern" etwa an Rhein und Mosel lernen. Auwälder und andere Feuchtgebiete, die den Regen auf natür-

liche Weise zurückhalten und nur langsam in die Bäche und Flüsse abgeben, sind durch nichts zu ersetzen.

Durch den Stausee hat sich die Landschaft grundlegend verändert. Wo früher kleinflächige Feuchtgebiete von extensiv genutzten Wiesen umgeben waren, breitet sich nun eine offene Wasserfläche bis zum Horizont aus. Lediglich die Sanddünen der Umgebung haben ihren Charakter bewahrt. Im Sommer nutzen hunderte von Touristen den See zum Baden. Mindestens ebenso beliebt ist das vom Ufer und von Booten aus betriebene Angeln. Die abgelegeneren Bereiche des Stausees und seine Umgebung bieten dem naturkundlich interessierten Besucher hervorragende Beobachtungsmöglichkeiten einer zum Teil auch in Polen seltenen Vogel- und Insektenwelt. Im Winter, solange das Gewässer eisfrei ist, konzentrieren sich auf dem See oftmals tausende von Enten, Bläßhühnern und Sägern. Zu finden sind nicht nur alle heimischen Vertreter, selbst Hochseearten nutzen diesen Rastplatz sehr häufig. Die Menge der in den Schilf- und Flachwasserzonen versteckten Wasservögel wird erst deutlich, wenn sie von einem der regelmäßig über das Gewässer fliegenden Seeadler aufgeschreckt werden. Riesige Schwärme steigen dann von der Wasseroberfläche auf und lassen sich erst nach Minuten wieder auf dem Wasser nieder – um vom nächsten Seeadler abermals aufgeschreckt zu werden. Während der Zugzeit nutzen nahezu alle heimischen Limikolenarten (Watvögel) den Stausee als Rastplatz und zur Nahrungsaufnahme. Später im Frühjahr können im Flachwasser an einzelnen Stellen Trauer-, Weißbart-, Weißflügel-, Zwerg- und Flußseeschwalben nebeneinander beim Nestbau beobachtet werden. In denselben Lebensräumen rufen Rotbauchunken und Laubfrösche. Auf den trok-

kenen, sandigen Flächen singen Heidelerchen und balzen Birkhühner. Entlang der Grenze im Norden des Stausees
nutzen Blauracken und einzelne
Schwarzstirnwürger (*Lanius minor*)
Stromleitungen als Ansitzwarten bei der
Nahrungssuche. In dieser Landschaft,
die am Ende der letzten Eiszeit von den
zurückweichenden Gletschern geprägt
wurde, liegen malerische weißrussische
Dörfer. Da die Verteilung der Vögel sehr
stark mit dem Wasserstand schwankt,
möchte ich Ihnen auch hier einen orts-
kundigen Führer zum Beispiel vom
PTOP empfehlen.

Masurische Seenplatte
Die Masurische Seenplatte (Mazury) ist
vielleicht noch vor Zakopane und der
Hohen Tatra im Süden des Landes das
touristische Zentrum Polens. Neben den
von Massentourismus heimgesuchten
Bereichen finden sich ausgedehnte und
unberührte Seen, die zusammen mit Ka-
nälen, Bächen und Flüssen ein ideales
Gebiet für Kanutouren sind. Über die

Stausee von Siemianówka.

Masuren ist in den meisten gängigen
Polenreiseführern bereits viel geschrieben worden, so daß es nicht notwendig
ist, ausführlicher auf diese Region ein-
zugehen.

Fischteiche in der Umgebung der Biebrza und Narew
Ein lohnenswerter Tip für Ornithologen
sind die in der näheren Umgebung gelegenen Fischteiche. Durch ihre meist intensive Versorgung mit Nährstoffen und
der hieraus resultierenden hohen Pro-
duktivität haben sich hier Lebensgemeinschaften ausgebildet, die in diesem
Maße entlang der Flüsse nicht zu beobachten sind. Dies gilt vor allem für die
Vögel als Endglieder der Nahrungsketten.

In der Nähe von Knyszyn liegt der
Zygmunta Augusta-See, der bekannt dafür ist, daß oft auch sehr seltene Zugvo-

gelarten wie zum Beispiel *Weißkopfru-derente* (*Oxyura leucocephala*), Eistau-cher (*Gavia immer*) und Rosapelikane (*Pelecanus onocrotalus*) hier rasten. Weiterhin können zum Beispiel zahlrei-che Enten und Taucher (Ohrentaucher *Podiceps auritus* wahrscheinlich als Brutvogel), Gänse, Möwen, aber auch Seeadler, Teichrohrsänger und Bartmei-se beobachtet werden. Es gibt eigentlich nur einen guten Aussichtspunkt, beim Dorf Czechowizna, den man ohne Er-laubnis besuchen kann.

Von Knyszyn in Richtung Białystok erreichen Sie beim Dorf Chraboły die Popielewo Fischteiche. Sie liegen sehr malerisch eingebettet im Wald und be-herbergen zahlreiche Taucher (beson-ders Rothalstaucher), Enten, Eisvögel (*Alcedo atthis*), Fluß-(*Charadrius dubi-us*) und Sandregenpfeifer (*Charadrius hiaticula*), Bart- und Beutelmeise (*Re-miz pendulinus*) sowie Seeadler. Die or-nithologische Besonderheit stellen je-doch die seit 1990 hier brütenden Sing-schwäne dar. Die schmalen Teiche um-geben von guten Wegen bieten hervor-ragende Beobachtungsmöglichkeiten.

In der Wojewodschaft Łomża bei Zambrów befindet sich das Gebiet Po-ryte-Jabłoń. Hier sind insbesondere in-teressante Enten- und Taucherarten während des Zuges sowie Blaukehlchen zu erwarten. Beeindruckend auch das Konzert der Laubfrösche.

An der Narew in der Nähe von Suraż, südlich von Białystok liegt Pietkowo. Auch hier sind Enten und Taucher sowie See- und Fischadler (*Pandion haliaetus*) und zahlreiche Kleine Sumpfhühner zu beobachten. Für dieses Gebiet ist eine Betretungserlaubnis erforderlich, die der Fischteich-Direktor in Knyszyn aus-stellt.

An Stadtrand von Białystok erstreckt sich das Teichgebiet Dojlidy. Hier fin-den Sie günstige Beobachtungsmög-lichkeiten für Enten, Taucher (regelmä-ßig brüten Ohrentaucher und sehr häufig Schwarzhalstaucher *Podiceps nigricol-lis*) und Seeschwalben (große Kolonie von Weißbartseeschwalben). Eine Ge-nehmigung ist nicht erforderlich.

Vereinzelt brüten Ohrentaucher auf den Fischteichen.

Knäkente.

Weitere Ziele

Weitere sehenswerte Gebiete sind der Urwald von Augustowska im Norden der Biebrzaniederung sowie der Urwald von Knyszyńska nördlich von Białystok. Die hier bestehende touristische Infrastruktur ermöglicht ein weitgehend unproblematisches Bereisen dieser Naturreservate.

Gleiches gilt für den östlich von Suwałki gelegenen Nationalpark Wigierski (Wigry). Hier wurde eine großflächige Seenlandschaft unter Schutz gestellt.

> **Natur- und Aktivferien in Polen**
> Wisent Reisen, ein auf Natur- und Aktivferien in Europa spezialisierter Touroperator, setzt seinen Schwerpunkt auf die Nationalparks und Naturlandschaften Nordostpolens.
> Velofahren, Kanutouren und Naturexkursionen stehen im Vordergrund. Bei den Informations- und Begegnungsreisen "Grüne Lunge Polens" werden Naturschutzprojekte direkt mit 150 CHF pro Gast unterstützt. Das Reiseleiterteam besteht aus einem Schweizer und einem Polen. Für die Anreise wird überwiegend der Zug benutzt (ICE Basel-Berlin und Schlafwagen nach Warschau). Adresse auf Seite 153.

Anhang

Wichtige Adressen

Stiftung Europäisches Naturerbe
EURONATUR
Konstanzer Str. 22
D 78 315 Radolfzell
Tel. 07732-9272-0 Fax 9272-22

Biebrzanski Park Narodowy
Biebrza Nationalpark: Verwaltung und
Informationszentrum
19-252 Osowiec 3 – Polen
Tel. +48-85-16 32 66 + 16 33 11

Biebrzanski Park Narodowy
Biebrza Nationalpark: Wissenschaftler
ul. Wojska Polskiego 72
PO Box 5
19-226 Goniądz – Polen

Bird Service Tours – Maciej Zimowski
Popieluszki 105
15-641 Białystok – Polen
Tel. +48-90-26 54 50
Tel./Fax +48-85-61 67 68
E-mail: bird@alfa.nask.Białystok.pl

Biuro Turystyki Przyrodniczej PTOP
c/o Piotr Orzechowski
ul. Nałkowskiej 9
17-200 Hajnówka – Polen
Tel./Fax +48-835-3855

Botschaft der Bundesrepublik
Deutschland – Ambasada Republiki
Federalnej Niemiec
ul. Dąbrowiecka 30
03-932 Warszawa – Polen
Tel. +48-22-617 3011

DNV-Touristik GmbH
Postfach 1367
D 70 797 Kornwestheim
Tel. 07154-13 18 30 Fax: 13 18 33

Eko-Tourist GmbH
ul. Radziwiłowska 21
31-026 Kraków – Polen
Tel. +48-12-228 863 oder -216 150
Fax +48-12-216 186

Greenpoint-Naturstation
Dr. Cezary Werpachowski
Inst. Biologii Filii UW
ul. Świerkowa 20 B
15-950 Białystok – Polen
Tel. +48-85-457 312 Fax -457 302

"Grüne Lunge Polens"
("Zielone Pułca Polski")
Elektryczna 12
15-080 Białystok – Polen
Tel. +48-85-412 105
Fax +48-85-412 136

"House upon the Meadows"
Tomasz Lippoman   16-080 Tykocin
Kiermusy – Polen
Tel. +48-902-65 145

it-Touristeninformation
ul. Sienkiewicza 3
15-432 Białystok – Polen
Tel. +48-85-435 352 oder -435 525
Fax +48-85-435 525

Landesbund für Vogelschutz in
Bayern e.V. (LBV) Postfach 1380
D 91 157 Hilpoltstein
Tel. 09174-9085 Fax: 1251

Narew Nationalpark und Landschaftspark, Verwaltung
Zespół Parków Krajobrazowych
w Supraślu – ul. Konarskiego 14
16-030 Supraśl – Polen
Tel. +48-85-183 785

Narodowa Fundacja Ochrony
Środowiska (*National Foundation
for Environmental Protection*)
Krzywickiego 9 (6010)
02-078 Warszawa – Polen
Tel./Fax: +48-22-252 127 -251 428

Naturschutzbund Deutschland
(NABU) e.V. Postfach 30 10 54
D 53 190 Bonn
Tel. 0228-975610 Fax: 9756194

Nature Travel Marek Czarny
ul. Wyszyńskiego 2/1, lok. 204
15-481 Białystok – Polen
Tel. +48-85-444 562 Fax: 444 534

ODR Szepietowo
Agricultural Consulting Centre
18-210 Szepietowo – Polen
Tel. +48-86-760 551/2
Fax +48-86-760 553

Ogólnopolskie Towarzystowo
Ochrony Ptaków (OTOP) (Polnische
Gesellschaft für Vogelschutz
ul. Hallera 4/2 80-401 Gdańsk
– Polen
Postanschrift: PO Box 335
80-958 Gdańsk 50 – Polen
Tel. +48-58-412 693

Orbis ul. Marszałkowska 142
00-061 Warszawa – Polen
Tel. +48-22-277 471 Fax -271 123

Polnisches Informationszentrum
für Touristik
Waidmarkt 24
D 50 676 Köln
Tel. 0221-230 545 Fax 0221-238 990

PTOP (Pólnocnopodlaskie
Towarzystwo Ochrony Ptakow)
Geschäftsstelle Białystok
ul. Ciepła 17 PO Box 49
15-472 Białystok – Polen

Tel./Fax: +48-85-754 862
PTOP (Pólnocnopodlaskie
Towarzystwo Ochrony Ptakow)
Geschäftsstelle Białowieża
"Wejmutka"
ul. Kolejowa
17 – 230 Białowieża – Polen
Tel./Fax: +48-835-12 747

Polskie Towarzystwo Turystyczno-
Krajoznawcze (PTTK) (*Poln. Gesell-
schaft für Touristik und Landeskunde*)
Warszawska 43
15-050 Białystok – Polen
Tel. +48-85-324 624

Polska Adademia Nauk Zakład
Badania Ssaków (*Säugetierkund-
liches Institut* Białowieża)
ul. Waszkiewicza 1
17-230 Białowieża – Polen
Tel./Fax: +48-835-12 289

Tourismuszentrum Baza Turystyki
Bagiennej Waniewo
18-218 Sokoły – Polen

Umweltstiftung WWF-Deutschland
Hedderichstraße 110
D 60 596 Frankfurt
Tel. 069-605 0030 Fax 069 617 221

Verkehrsclub Deutschland (VCD)
Eifelstraße 2
D 53 119 Bonn
Tel. 0228-98 585 0 Fax -98 585 10

Wisent Reisen
Postfach 165
CH 5702 Niederlenz
Tel.: +41 62 892 00 63
Fax: +41 62 891 99 63
E-Mail: wisent@box.echo.ch

Zentrum der touristischen Information
ul. Mazowiecka 7
00-052 Warszawa – Polen

Glossar

Abiotische Faktoren (abiotic factors) – Physikalische und chemische Einflußgrößen in Ökosystemen.

Dauergrünland (permanent grassland) – Langjährig und innerhalb einer Wachstumsperiode mehrmalig von der Landwirtschaft zur Futtergewinnung nutzbarer Bestand aus mehreren Pflanzenarten.

Durchströmungsmoor (fen, interflown by water) – Sekundärer Moortyp, der auf bereits vorhandenen, primären Moortypen (z.b. Versumpfungsmoor) aufwächst.

Habitat (habitat) – Ort, an dem Organismen einer Art regelmäßig anzutreffen sind (autökologischer Begriff in Abgrenzung zu Biotop).

Hybrid (hybrid) – Nachkomme von zwei Rassen, Unterarten, Arten oder Gattungen.

Hydratation (hydration) – Anlagerung von Wasser an Ionen oder Moleküle.

Klimax (climax) – Vorstellung über das Endstadium einer Vegetations- bzw. Bodenentwicklung, das mit den derzeit herrschenden Umweltbedingungen in Einklang steht.

Metamorphose (metamorphosis) – In der Zoologie Bezeichnung für eine Entwicklung, bei der die Jungtiere ein Larvenstadium durchlaufen, das in Körperform und Verhalten sich oft völlig vom Erwachsenenstadium unterscheidet.

Monitoring (monitoring) – Erfassungssysteme, die eine langfristige und kontinuierliche Messung bestimmter Umwelteigenschaften zum Ziel haben (Dauerbeobachtung).

Mudde (gyttja) – Feinzerteilte organogene Ablagerung in stehenden Gewässern. Zum großen Teil aus Huminsäuren und den Ausscheidungen von Tieren entstanden.

oligotroph (oligotrophic) – Gering nährstoffversorgt.

Ovoviviparie (ovoviviparity) – Ablage der Eier im fortgeschrittenen Stadium der Embryonalentwicklung.

Polygamie (polygamy) – Geschlechtliches Zusammenleben eines Individuums mit mehreren Individuen des anderen Geschlechts.

Population (population) – Gesamtheit der Individuen einer Art mit gemeinsamen genetischen Gruppenmerkmalen innerhalb eines bestimmten Raumes.

Prädator (predator) – Räuber; Tiere die andere Tiere als Beute nehmen. Als Spitzenprädatoren werden die Endglieder von Nahrungsketten bezeichnet.

Rhizom (rhizome) – Erdsproß, Wurzelstock; unterirdisch oder dicht unter der Bodenoberfläche wachsende Sproßachsen zahlreicher ausdauernder Kräuter (Stauden) mit Funktion der Nährstoffspeicherung und Überdauerung.

Schlußgesellschaft (mature plant community) – Allgemeine Bezeichnung für eine Pflanzengesellschaft, die auf einem bestimmten Standort und unter einem bestimmten Klima erreichbar ist und ein natürliches Endstadium der Vegetationsentwicklung vor einer Zerfallsphase darstellt.

Seggenwiese (sedge meadow) – Feuchtes Dauergrünland, Mähwiese oder Weide, von *Carex*-Arten dominiert.

Sukzession (ecological succession) – Zeitliche Aufeinanderfolge von Arten bzw. Lebensgemeinschaften eines Biotops.

Süßgraswiese (poaceae dominated meadow) – Dauergrünland, Mähwiese oder Weide, von Poaceen-Arten dominiert.

Urstromtal (primary river basin) – Tal vor dem Inlandeis- oder Gletscherrand, in dem sich die Schmelzwässer und auch sonst zufließenden Wässer vereinigen und zum Meer abfließen. In den Unstromtälern wurden vor allem Sande abgelagert, die zum Teil wieder ausgeweht und zu Dünen aufgeschüttet worden sind. Daneben finden sich Schotterablagerungen von Schmelzwässern und Mittelgebirgsflüssen.

Taxonomie (taxonomy) – Wissenschaftszweig der Biologie; beschreibt und benennt die Lebewesen und ordnet sie nach ihrem Verwandtschaftsgrad zu natürlichen Gruppen ein im System.

Xerothermophile Arten (xerothermophilous species) – Arten, die trocken-heiße Lebensräume bewohnen.

Kartenmaterial

Bagna Biebrzańskie. Mapa Przyrodnicza. Maßstab 1:50.000
Karte des Biebrzatales (2 Karten: Südbecken und Mittelbecken), herausgegeben vom PTOP. Enthält Informationen zum Gebiet (Vegetation, Brutvögel, Schutzbestimmungen) (in polnischer, deutscher und englischer Sprache).
Erhältlich in allen PTOP-(Pólnocnopodlaskie Towarzystowo Ochrony Ptakow) Geschäftsstellen und vielen Hotels.

Puszcza Białowieska. Część Polska. Mapa Przyrodnicza. Maßstab 1:50.000
Karte des Urwaldes von Białowieża (polnischer Teil) herausgegeben vom PTOP. Enthält Informationen zum Gebiet (Vegetation, Brutvögel, Schutzbestimmungen) (in polnischer, deutscher und englischer Sprache).
Erhältlich in allen PTOP-(Pólnocnopodlaskie Towarzystowo Ochrony Ptakow) Geschäftsstellen und vielen Hotels.

Narwiański Park Narodowy. Mapa turystyczno – przyrodnicza.
Maßstab 1:62.000
Karte des Nationalparks Narewtal.
Informationen zum Nationalpark Narewtal (in polnischer, englischer und deutscher Sprache).
Wichtig: hier sind auch die Vorschriften für die Betretung des Nationalparks abgedruckt.
Erhältlich im Busbahnhof von Białystok.

Zbiornik wodny Siemianówka i okolice
Maßstab 1:35.000
Karte des Stausees von Siemianowka
Informationen zum See sowie zu touristischen Einrichtungen (in polnischer Sprache)
Erhältlich im Busbahnhof von Białystok.

Narwiański Park Krajobrazowy. Mapa Przyrodniczo-Turystyczna.
Maßstab 1:40.000
Karte des Landschaftsparks Narew, verlegt von der Parkverwaltung.
Informationen zum Gebiet (Vegetation, Fauna, Ortschaften, Hydrologie, Klima, Naturpark, allgemein) (in polnischer Sprache).
Erhältlich in der Verwaltung des Landschaftsparks.

Grüne Lunge Polens.
Maßstab 1:750.000
Karte des Nordostens von Polen ("Grüne Lunge Polens") herausgegeben von der Nationalen Stiftung für Umweltschutz.
Informationen zur Idee der "Grünen Lunge Polens" sowie zu einzelnen Schutzgebieten (Ausgaben in polnischer, deutscher, englischer und französischer Sprache).
Erhältlich in der Geschäftsstelle der "Grünen Lunge Polens".

Weiterhin topographische Karten im Maßstab 1:25.000, 1:50.000, 1:100.000 und 1:200.000 flächendeckend für ganz Polen. Bei der Beschaffung (z.T. frühzeitige Bestellung notwendig) ist der PTOP behilflich. Zwei sehr gute Kartengeschäfte befinden sich im Busbahnhof von Białystok.

Internationale Vorwahlnummern
Für grenzüberschreitende Telefonate gelten folgende Vorwahlnummer:

Von Polen nach:
– Deutschland 0049
– Österreich 0043
– Schweiz 0041

Nach Polen von:
– Deutschland 0048
– Österreich 0048
– Schweiz 0048

Literatur

Banaszuk, H. (1980): Geomorfologia poludniowej caesci Kotliny Biebrzańskiej [Geomorphologie des südlichen Teiles des Biebrzatales].-Prace i Studia Geograficzne T. 2. Studia geomorfologiczne i krajoznawcze: 7-69. Wyd. Uniwersytetu Warszawskiego, Warszawa.

Banaszuk, H. (1984): Siedliska lakowe na obszarze doliny Biebrzy. Cechy przyrodniczorolnicze, bonitacyjne, wykorzystanie [Wiesenstandorte auf dem Gebiet des Biebrzatales. Nutzung und Veränderungen für die Landwirtschaft].-Nauka i Praktyka 4: 5-110.

Banaszuk, H. (1993): Bericht über den Zustand der Naturumwelt des Landschaftsparks Narew.-Landschaftspark Narew, Białystok: 46S.

Bayerische Akademie für Naturschutz und Landschaftspflege (ANL) (1994): Begriffe aus Ökologie, Landnutzung und Umweltschutz.-Informationen 4: 139 S.

Becker, H. (1991): Grüne Lungen.-Natur und Umwelt 1/91: 12.

Blab, J. & H. Vogel (1989): Amphibien und Reptilien.-BLV-Verlag, München, Wien, Zürich.

Bobiatynska, E. (1984): Stan i koncepcja kierunków rozwoju gospodarki rybackiej w dolinie Biebrzy [Zustand und Konzeption der Entwicklung der Fischerei im Biebrzatal].-Nauka i Praktyka 4: 151-205.

Bölscher, B. (1988): Untersuchungen zur Dispersion und Habitatwahl der Vogelarten nordwestdeutscher Hochmoor- und Grünlandbiotope: Versuch einer Biotopbewertung.-Dissertation. Techn. Univ. Braunschweig.

Byczkowski, A. & T. Kicinski (1984): Surface Water in the Biebrza River Drainage Basin.-Pol. ecol. Stud. 10 (3-4): 271-299.

Czeczuga, B. (1969): W sprawie ochrony doliny Biebrzy [Zum Schutz des Biebrzatales].-Chronmy Przyrode Ojczysta 5: 27.

Dyrcz, A. & R. Czeraszkiewicz (1995): Liczebnosc, zagrozenia i sposoby ochrony populacji legowej wodniczki (Acrocephalus paludicola) w Polsce [Anzahl, Gefährdung und Schutzmethoden der Seggenrohrsänger Brutpopulation in Polen].-Notatki Ornitologiczne 3-4: 231-246.

Dyrcz, A., J. Okulewicz & J. Witkowski (1984): Bird communities of the Biebrza Valley.-Pol. ecol. Stud. 10 (3-4): 403-423.

Dyrcz, A., J. Okulewicz & J. Witkowski (1985): Changes in Bird Communities as the Effect of Peatland Management.-Pol. ecol. Stud. 11: 79-85.

Dyrcz, A., J. Okulewicz & J. Witkowski (1985): Bird communities on natural eutrophic fen mires in the Biebrza river valley, NE Poland.-Vogelwarte 33: 26-52.

Dyrcz, A., J. Okulewicz, J. Witkowski, J. Jesionowski, P. Nawrocki & A. Winiecki (1984): Ptaki torfowisk niskich Kotliny Biebrzańskiej Opracowanie faunistyczne [Birds of fens in Biebrza Marshes. Faunistic approach].-Acta Ornithologica 20: 1-108.

Dyrcz, A., J. Okulewicz, L. Tomialojc & J. Witkowski (1972): Breeding avifauna of the Biebrza Marshes and adjacent territories.-Acta Ornithologica 13: 343-422.

Dyrcz, A., Z. Kozikowska, A. Pałczyńskie & J. Raczyński (1985): The Problems of Nature Protection and Peatland Management in the Valley of the Biebrza River.-Pol. ecol. Stud. 11/1: 107-121.

Ellenberg, Heinz (1978): Die Vegetation Mitteleuropas mit den Alpen.-2. Auflage. Eugen Ulmer Verlag. Stuttgart: 981 S.

Engelmann, W.-E. (1986): Lurche und Kriechtiere Europas.-Deutscher Taschenbuch Verlag, München.

Federation of Nature and National Parks of Europe (FNNPE) (1989): Green Lungs of Poland.-FNNPE Bulletin 27: 29-31.

Fedyk, S., Z. Gębczyńska, M. Pucek, J. Raczyński & M. D. Sikorski (1984): Winter Penetration by Mammals of Different Habitats in the Biebrza Valley.-Acta theriologica, Vol. 29/27: 317-336.

Flade, M. & N. Schäffer (1995): Sensationell! 2.000 Seggenrohrsänger in Weißrußland entdeckt.-Der Falke 8/95: 230-232.

Gębczyńska, Z. & J. Raczyński (1989): Distribution, Population Structure, and Social Organization of Moose in the Biebrza Valley, Poland.-Acta theriologica, Vol. 34/13: 195-217.

Gębczyńska, Z. & J. Raczyński (1989): Dynamics and management of moose population in the Biebrza river valley.-in: B. Bobek, K. Perzanowski & W. Regelin Global trends in wildlife management. 18th IUGB Congress, Kraków 1987.

Génsbol, B. (1986): Greifvögel.-BLV-Verlagsgesellschaft, München, Wien, Zürich: 384 S.

Görner M. & H. Hackethal (1988): Säugetiere Europas.-Deutscher Taschenbuch Verlag, München: 371 S.

Grimmett, R.F.A. & T.A. Jones (1989): Important Bird Areas in Europe.-International Council for Bird Preservation, Tech. Publ. 9, Cambridge: 906 S.

Higgins, L.G. & N.D. Riley (1978): Die Tagfalter Europas und Nordwestafrikas.-Paul Parey Verlag, Hamburg und Berlin: 377 S.

Irsch, W. (1995): Polen-Zwei neue Nationalparke.-Kosmos 1/95: 48.

Jagusiewicz, A. (1985): Turystyka na bagnach biebrzanskich [Touristik im Biebrzatal].-Aura 9: 24-25.

Jasnowski, J. (1952): Flora mszaków rezerwatu Czerwone Bagno [Die Bryophytenflora der "Roten Sümpfe"].-Ochr. Przyr. 20.

Jonsson, Lars (1992): Die Vögel Europas und des Mittelmeerraumes. Kosmos Naturführer.-Bearb. von Peter H. Barthel. Franckh-Kosmos, Stuttgart: 559 S.

Kaminski, A. (1963): Pogranicze polsko-rusko-jacwieskie miedzy Biebrza a Narwia [Das polnisch-russische Jacwiez-Grenzgebiet zwischen der Biebrza und der Narew].-Roczn. Bialost. 4: 7-41.

Klosowski, G., S. Klosowski & T. Klosowski (1991): Ptaki biebrzanskich bagien (Die Vögel der Biebrzasümpfe). Warszawa. (in polnisch, deutsch und englisch).

Klosowski, G. & T. Klosowski (1994): Biebrza-In Sumpf und Moor.-Voyager, Warschau: 40 S.

Kolera, H. (1973): Na ratunek Biebrzy [Zur Rettung der Biebrza].-Aura 10: 10-13.

Komenda, E. (1986): Zrodla zagrozen doliny Biebrzy [Ursachen für die Bedrohung des Biebrzatales].-Chronmy Przyrode Ojczysta 6: 42-48.

Kossowska-Cezak, U. (1984): Climate of the Biebrza Ice-Marginal Valley.-Pol. ecol. Stud. 10 (3-4): 253-270.

Krasiński, A. & M. Krasinska (1992): Free ranging European bison in Borecka Forest.-Acta theriologica 37 (3): 301-317.

Kulwiec, K. (1910): Kanal Augustowski [Der Augustowski Kanal].-Ziemia 1: 38-41.

Küster, H. 1995): Geschichte der Landschaft in Mitteleuropa.-C.H.Beck, München: 424 S.

Lewartowski, Z. & M. Piotrowska (1987): Zgrupowania ptaków legowych w dolinie Narwi [Die Brutvogelfauna des Narewtales].-Acta Ornithologica 23: 215-272.

Malzahn, E. & S. Fedyk (1982): Micromammalia of the Cultivated Wizna Fen.-Acta theriologica, Vol. 27/2: 25-43.

Müller, H. (1983): Fische Europas.-Deutscher Taschenbuch Verlag, München: 320 S.

National Foundation for Environmental Protection, WWF (1992): Protection Plan of a Nationalpark in Biebrza Valley, Poland: 183 S.

National Foundation for Environmental Protection, WWF (1992): Five Years Protection Plan of a National Park In Biebrza Valley, Poland: 48 S.

Okołów, C. (1986): The Białowieża Primeval Forest-the pearl of European forests.-Parks 11: 6-10.

Okruszko, H. (1980): Klassifizierung von Feuchtgebieten auf der Grundlage der in ihnen entstehenden hydromorphen Bodensubstrate.-Telma 10: 17-24.

Okruszko, H. (1994): Field Visit to the Biebrza Wetlands. Excursion Guide of the International Symposium "Conservation and Management of Fens".-Institute for Land Reclamation and Grassland Farming-Falenty. Agricultural University-Faculty of Land Reclamation and Environmental Engineering. Warszawa.

Oswit, J. (1965): The plant communities of the lower course of Biebrza on the background of water relations in valley.-Wiad.melior.i lakarskie 37 (1): 5-7.

Oswit, J. & S. Zurek (1981): Rekonstrukcja rozwoju zabagnien doliny Biebrzy [Rekonstruktion der Entwicklung der Versumpfung des Biebrzatales].-Zesz. Nauk. AR we Wroclawiu. Rolnictwo 38: 59-69.

Pajnowska, H., R. Pozniak & E. Wienclaw (1984): Ground Waters of the Biebrza Valley.-Pol. ecol. Stud. 10 (3-4): 301-311.

Pałczyńskie, A. (1968): Projekt utworzenia obszarow ochronnych na torfowiskach biebrzanskich [Das Projekt der Bildung von Schutzgebieten in den Biebrza-Mooren].-Chronmy przyrode Ojczysta 17.

Pałczyńskie, A. (1975): Bagna Jacwieskie. Pradolina Biebrzy [Die Jacwiez-Moore. Das Biebrzatal].-Roczn. Nauk. Roln., Ser. SD 145: 1-232.

Pałczyńskie, A. (1977): Problemy ochrony przyrody Bagien Jacwieskich [Die Probleme des Schutzes der Jacwiez-Moore].-Chronmy Przyrode Ojczysta Nr. 3.

Pałczyńskie, A. (1980): Die natürlichen Gegebenheiten der Moore des Biebrzatales und die Probleme ihres Schutzes.-Telma 10: 205-226.

Pałczyńskie, A. (1981): Proba wykorzystania zdjec lotniczych do okreslenia dynamiki zarosli wierzbowo-brzoziwych na bagnach doliny Biebrzy [Auswertung von Luftaufnahmen zur Bestimmung der Dynamik von Weiden- und Birkengebüsch im Biebrzatal].-Zesz. Nauk. AR we Wroclawiu. Ronictwo 38: 81-95.

Pałczyńskie, A. (1981): Zmiany sukcesyjne roslinnosci jako wskaznik eutrofizacji torfowisk w dolinie Biebrzy [Die Sukzession der Pflanzen als Merkmal der Mooreutrophierung im Biebrzatal].-Zesz. Nauk. AR we Wroclawiu. Rolnictwo 33 (131): 15-21.

Pałczyńskie, A. (1984): Natural Differentiation of Plant Communities in Relation to Hydrological Conditions of the Biebrza Valley.-Pol. ecol. Stud. 10 (3-4): 347-385.

Pałczyńskie, A. (1985): Succession Trends in Plant Communities of the Biebrza Valley. Pol. ecol. Stud. 11: 5-20.

Pałczyńskie, A. (1988): Bagna Biebrzańskie.-104 Liga Ochrony Przyrody, Warszawa.

Panstwowe Wydawnictwo Rolnicze i Lesne (1992): Polska czerwona ksiega zwierzat [Rote Liste bedrohter Tiere in Polen].-Warszawa.

Pelzer, F. (1991): Polen-eine geographische Landeskunde.-Wissenschaftliche Buchgesellschaft Darmstadt, Band 36: 438 S.

Plachter, H. (1991): Naturschutz.-UTB 1563, Gustav Fischer Verlag, Stuttgart: 463 S.

PTOP (1990): Biuletyn Informacyjny.

Raczyński, J., S. Fedyk, Z. Gębczyńska & M. Pucek (1984): Distribution of Micromammalia against Natural Differentiation of the Biebrza Valley Habitats.-Pol. ecol. Stud. 10/3-4: 425-445.

Ribbe, L. (1993): Polens Bauernopfer.-Die Zeit, Nr. 26.

Roszyk, S. (1962): Chemiczno-rolnicza charakterystyka terenow torfowych w zlewni rzeki Biebrzy i Narwi [Chemisch-landwirtschaftliche Charakteristik der Torfgebiete im Tal der Biebrza und Narew].-Zesz. Nauk. WSR, Wroclaw, Rolnictwo 46 (15): 49-62.

Runge, F. (1961): Die Pflanzengesellschaften Mitteleuropas.-Aschendorff-Verlag, Münster: 278 S.

Schäffer, N. (1991): Der LBV in Polen.-Vogelschutz 3/91: 14-17.

Schäffer, N. (1994): Müssen Vögel Federn lassen? Der Biebrza-Nationalpark in Ostpolen.-Nationalpark 82 (1): 20-22.

Schäffer, N. (1995): Schutzprogramm für den Wachtelkönig.-Z. Ökologie u. Naturschutz 4: 51.

Schäffer, N. (1995): Einsamer Rufer. -Ornis 3/96: 14-17.

Schäffer, N. & W.W. Weisser (1996): Modell für den Schutz des Wachtelkönigs Crex crex. -J. Orn. 137: 53-75.

Schäffer, N. & K. Zub (1994): Tam Derkacz Wrzasnal z Laki....-Lowiec Polski 7/94: 14.

Shillcock, Robin D'Arcy (1993): Portrait of a Living Marsh.-WildLife Art Gallery, Suffolk: 192 S.

Stiftung Europäisches Naturerbe/Euronatur (1993): Projekt: Narew.-Projektmappe.

Stiftung Europäisches Naturerbe/Euronatur (1994): Narew-Erste Renaturierung in Polen.-Euronatur, Heft 1/1994: 8.

Stiftung Europäisches Naturerbe/Euronatur (1995): Grüne Lungen Europas.-Euronatur, Heft 1/1995: 3.

Szczepanski, A., J. Krolikowska, F. Szajnowski & W. Szczepanska (1984): Preliminary Estimation of Productivity of Peatlands in Lower Part of the Biebrza River.-Pol. ecol. Stud. 10 (3-4): 387-401.

Thielcke, G. (1993): Polnisch-deutsche Naturschutzvereinbarung über die Narew.-Natur und Landschaft 68 (3): 127-128.

Thielcke, G. (1995): Wo Seeadler kreisen und Kraniche trompeten.-Kosmos 1/95: 38-41.

Tomaszewska, K. (1987): Proces giniecia wsi w swietle zdjc lotniczych [Veränderungen der Dörfer, ausgewertet nach Luftaufnahmen. Fotointerpretation in der Geographie.].-Prace Naukowe Uniwersystetu Slaskiego, Nr. 86.

Tomialojc, L. (1990): Ptaki Polski. Rozmieszczenie i liczebnosc [Die Vögel Polens].-Warszawa Paristwowe Wydawnictwo Naukowe: 461 S.

Tomialojc, L. & A. Dyrcz (1969): Ornitologiczne mitywy ochrony bagien biebrzanskich [Ornithologische Gründe für den Schutz des Biebrzatales].-Chronmy Przyrode Ojczysta 25: 38-42.

Tomialojc, L., T. Wesolowski & W. Walankiewicz (1984): Breeding bird communities of a primeval temperate forest (Białowieża National Park, Poland).-Acta Ornithologica 20: 242-310.

Tucker, G.M. & M.F. Heath (1994): Birds in Europe: their conservation status.-BirdLife International Conservation Series no. 3, Cambridge: 600 p.

Waliszewski, K. (1880): Kilka wspomnien ze swiezej wycieczki nad Niemen, Narew i Biebrze [Einige Erinnerungen vom jüngsten Ausflug an den Njemen, die Narew und die Biebrza].-Niwa 9 (18): 284-296.

Walter, H. & W. Breckle (1983): Ökologie der Erde. Band 1.-G. Fischer, Stuttgart: 238 S.

Walter, H., E. Harnickel & D. Mueler-Dombois (1975): Klimadiagrammkarten der einzelnen Kontinente und die ökologische Klimagliederung der Erde.-G. Fischer, Stuttgart.

Walter, H. & H. Lieth (1960): Klimadiagramm-Weltatlas.-VEG G. Fischer, Jena.

Witkowski, A. (1984): Structure of communities and biomass of ichthyofauna in the Biebrza River, its old river beds and affluents.-Pol. ecol. Stud. 10 (3-4): 447-474.

Zeitz, J. (1994): Bericht über das Internationale Symposium der Kommission III der IMTG "Conservation and Management of Fens" vom 6.-10. Juni 1994 in Warschau mit Exkursion in die Biebrza-Moore (Polen).-Telma 24: 317-320.

Zurek, S. (1975): Geneza zabagnien pradoliny Biebrzy [Genese der Versumpfung des Biebrzatales].-Inst. Geogr. i Przestrz. Zagospod. PAN. "Prace Geogr." 10: 7-107.

Zurek, S. (1984): Relief, Geologic Structure and Hydrography of the Biebrza Ice-Marginal Valley.-Pol. ecol. Stud. 10 (3-4): 239-251.

Zurek, S. (1990): Interrelation between the peat-forming process and the elements of natural environment in eastern Poland.-Roczniki Nauk Rolniczych Seria d Monografie 220: 3-174.

Zurowski, W. (1976): Czy powinno sie meliorowac doline Biebrzy i Narwi? [Soll man das Biebrza- und Narewtal meliorieren?]-Chronmy Przyrode, Ojczysta 4: 58-61.

Dank

Zur Entstehung dieses Naturführers haben mehrere deutsche und polnische Kollegen beigetragen. Besonderer Dank gilt Martin Flade, Gabriele Hammerl, Andreas Hirler, Bernd Leisler, Karl Schulze-Hagen, Andreas Sendtko und Gerhard Thielcke für die Durchsicht des Manuskriptes und zahlreiche fachliche Kommentare. Jan Raczynski, Czesław Okołów, Krzysztof Frąkkiel, Cezary Bystrowski, Janusz Kupryjanowicz und Walter Bleeker stellten dankenswerterweise zum Teil unpublizierte Daten und Manuskripte zur Verfügung. Alle hier genannten Kollegen und Kolleginnen teilen meine Begeisterung für die Flußniederungen der Narew und Biebrza und hoffen, daß dieses Buch zur Erhaltung des europäischen Naturerbes in Nordostpolen beiträgt.

Bildnachweis

Bécsy (EURONATUR) 86
Bodnar 75o., 78o., 99o.
Bolinski 74o.
Borkowski 41
Eggen 117

Fabijanski 42, 50u., 144
Fechter 18
Flade 97o.
Gregori (EURONATUR) 87m, 87o
Groß 67, 88
Hirler 21o., 33
Klosowscy 35, 39u., 55, 57o., 57u., 61, 66, 68u.
Kupryjanowicz 91o.
Lapinski 19, 20, 38, 44
Limbrunner 31, 48, 50o., 59, 60, 63, 64, 65, 74u., 76, 77o., 78u., 79, 80, 81, 82, 111, 151
v.Lindeiner 89, 93
Mühlenberg 97u.
Palczynski 13, 32, 36, 37u.
Renners 14
Resch 83
Riel 91u.
Schäffer 8, 9, 10, 11, 15, 21u., 23, 25o., 25u., 26, 27, 28, 29, 30, 34, 37o., 47, 56, 58, 62, 70, 75u., 85, 87u., 90, 94, 95o., 96, 98, 99u., 100, 101, 103, 110, 112, 113, 115, 118, 119, 120, 121, 122, 123, 124u., 126, 127, 129, 130, 131u., 133, 135, 137, 138, 140, 142, 145, 146, Rückseite
Andreas Schulze 52, 54, 68o., 69, 72, 73, 77u., 105, 150
Anita Schulze 2, 17, 39o., 143, 149
Schulze-Hagen 124o.
Sendtko 7, 114, 131o.
Stahl 3, 40, 51o.
Thielcke 95g.o., 104, 108, 109, 116, 132
Wasik 49, 51u
Woike 53
Wothe 71
Ziesler Titel
Zuber/Siegrist 84

Zeichnungen:

EURONATUR 125
Palczynski 22, 24
Anita Schulze 6, 8, 15, 28, 45, 46, 101, 107, 136, 137, 138, 140, hintere innere Umschlagseite

Register der Pflanzen- und Tiernamen

Register der Orts- und Sachbezeichnungen

Weitere Natur-Reiseführer

Bodensee – Naturreichtum am Alpenrand

Deutschland – Von Annette Bernauer und Harald Jacoby, 1994; 176 Seiten, 160 Fotos und Abbildungen, davon 99 in Farbe.
24,- DM/SFr, 170 ÖS
ISBN 3-9803350-1-1

Mit seinem milden Klima und lieblichen Landschaften gibt der Bodensee einen Vorgeschmack auf den sonnigen Süden. Für Tausende von Zugvögeln sind die ruhigen Wasserflächen und Feuchtgebiete am Ufer wertvolle Winterquartiere oder letzte Rastplätze vor ihrem Flug über die Alpen. Maler und Schriftsteller, Touristen und Sommerfrischler fühlen sich vom See ebenso magisch angezogen und erliegen dem Reiz der heiteren Landschaft. Als Trinkwasserspeicher versorgt der Bodensee Millionen von Menschen weit über die Region hinaus.

Elbtalaue – Landschaft am großen Strom

Deutschland – Von Frank Neuschulz, Werner Plinz und Horst Wilkens, 1994; 152 Seiten, 166 Fotos und Abbildungen, davon 98 in Farbe.
24,- DM/SFr, 170 ÖS,
ISBN 3-9801641-8-7

An der unteren Mittelelbe zwischen Hamburg und Berlin hat sich entlang der ehemaligen Grenze eine einmalige Flußauenlandschaft erhalten. Seeadler, Biber, Gottesgnadenkraut und Sumpf-Wolfsmilch bietet diese Region Lebensraum. Auf ausgedehnten Überschwemmungswiesen suchen noch mehr als 200 Weißstorch-Paare nach Nahrung. Nach Öffnung der innerdeutschen Grenze haben die an die Elbe angrenzenden Bundesländer beschlossen, das Gebiet als Biosphärenreservat mit integriertem Nationalpark auszuweisen.

Martin Schneider-Jacoby

Drau und Mur
Leben durch Flußdynamik

Naturreiseführer durch eine einzigartige
Flußauenlandschaft im Südosten Europas

Naturerbe Verlag Jürgen Resch

Drau und Mur – Leben durch Flußdynamik

Österreich, Slowenien, Ungarn und Kroatien – Von Martin Schneider-Jacoby, 1996;
152 Seiten, 109 Fotos und Abbildungen, davon 70 in Farbe.
24,- DM/SFr, 170 ÖS
ISBN 3-9803350-3-8

Drau und Mur sind die Lebensadern der Landschaft im Südosten Mitteleuropas. Zwischen Österreich, Slowenien, Ungarn und Kroatien fließen beide Flüsse in einem breiten Korridor aus Auwäldern, Altarmen, Wiesen, Weinbergen und malerischen Ortschaften bis zur Donau. Fischotter, Seeadler, Weiß- und Schwarzstörche, tausende Uferschwalben und fünfzig Libellen- und Fischarten nutzen diese dynamische Flußlandschaft als Lebensraum.

Arndt Hampe

Extremadura
Naturreichtum durch Tradition

Natur-Reiseführer durch eine der ursprünglichsten
Kulturlandschaften Europas in Südwest-Spanien

Naturerbe Verlag Jürgen Resch

Extremadura – Naturreichtum durch Tradition

Spanien – Von Arndt Hampe, 1993
160 Seiten, 143 Fotos und Abbildungen, davon 106 in Farbe.
24 DM/Sfr 170 ÖS
ISBN 3-9801641-7-9

Im Südwesten Spaniens liegt eine der ursprünglichsten Kulturlandschaften Südeuropas: Parkartige Stein- und Korkeichenwälder, weite Ebenen mit Steppencharakter und dichte Bergwälder prägen seit Menschengedenken die Extremadura. Ihre geringe Besiedlung und die extensive Landnutzung machen sie zu einem Rückzugsgebiet für eine Vielzahl bedrohter Tier- und Pflanzenarten. Pardelluchs, Mönchsgeier und Großtrappe finden hier noch einen Lebensraum. Millionen Zugvögel aus Mittel-, West- und Nordeuropa überwintern in der Extremadura.

Der Nestos – Leben zwischen Fluß und Meer

Nordostgriechenland – Von Hans Jerrentrup und Jürgen Resch, 1989;
128 Seiten, 157 Fotos und Abbildungen,
davon 93 in Farbe.
22,- DM/Sfr, 155 ÖS
ISBN 3-9801641-2-8

Im Nordosten Griechenlands liegt eines der bedeutendsten Feuchtgebiete Südosteuropas: eine viele Quadratkilometer große Flußauenlandschaft mit urwüchsigen Auwäldern, ausgedehnten Lagunensystemen und weiten Sandstränden. Spornkiebitz, Fischotter und Schreiadler fnden hier im Nestosdelta noch ihren Lebensraum. Der Fortbestand dieser einzigartigen Landschaft mit ihren seltenen Tier- und Pflanzenarten ist durch die fortschreitende Zerstörung der Feuchtgebiete hochgradig bedroht.

Save-Auen – Vielfalt durch Überschwemmung

Kroatien – Von Martin Schneider-Jacoby und Hartmut Ern, 1990;
136 Seiten, 140 Fotos und Abbildungen,
davon 85 in Farbe.
22 DM/Sfr, 155 ÖS
ISBN 3-9801641-5-2

Im Südosten Kroatiens, hundert Kilometer östlich von Zagreb, ist bis heute eine in Europa einzigartige Flußaue mit einer reichhaltigen Tier- und Pflanzenwelt erhalten geblieben. Löffler, Seeadler, Fischotter und viele Zugvögel finden hier noch eine Heimat. Ausgedehnte Überschwemmungsflächen werden im Sommer von den Bauern in traditioneller Weise als Wiesen und Weiden genutzt. Ein Erfolg der EURONATUR-Arbeit ist die 1990 erfolgte Ausweisung einer 500 Quadratkilometer großen Auenlandschaft "Lonjsko Polje" als Naturpark.

Weserbergland – Land der Gewässer

Deutschland – Von Bernd Gerken, B. Balsliemke, W. Güth und H.-D. Krus,1994; 160 Seiten, 130 Abbildungen, davon 97 in Farbe. 24,- DM/SFr, 170 ÖS   ISBN 3-9803350-0-3

Beiderseits der Oberweser zwischen dem Eggegebirge als südlichem Ausläufer des Teutoburger Waldes und dem Solling erstreckt sich der Abschnitt des Weserberglandes, der mit seinen ausgedehnten Rotbuchenwäldern, alten Eichen-Hudewäldern, mit heckenreicher Acker- und Wiesenlandschaft und mit den vielfältigen, oft sehr naturnahen Gewässern zu einer der schönsten und reichsten Kulturlandschaften Deutschlands zählt.

Die Crau – Steinsteppe voller Leben

Südfrankreich – Provence; Von Andreas Megerle und Jürgen Resch, 1989; 116 Seiten, 80 Fotos und Abbildungen. 20,- DM/SFr, 140 ÖS ISBN 3-9801641-0-1

Im Süden Frankreichs, nordöstlich der Camargue, liegt eine für europäische Verhältnisse ungewöhnliche Landschaft: eine mit Steinen übersäte Ebene, auf der auf einer Fläche von vielen tausend Hektar kein Baum wächst. Der Fortbestand dieser Landschaft mit ihren seltenen Tier- und Pflanzenarten und der Kultur der Schafwirtschaft ist hochgradig bedroht. EURONATUR unterstützt das Crau-Naturschutzprojekt seit 1987.

La Crau – Steppe vivante

*(französische Fassung von "Die Crau – Steinsteppe voller Leben")
Von Gilles Cheylan, Andreas Megerle und Jürgen Resch, 1990;
116 Seiten, 80 Fotos und Abbildungen.
20,- DM/SFr, 140 ÖS
ISBN 3-9801641-1-X*

Nördliche Sporaden – Natur zwischen Inseln und Meer

Griechenland - Von Gerald Hau und Claus-Peter Hutter, 1996; 160 Seiten, Ca 160 Fotos und Abbildungen.
24,- DM/Sfr, 170 ÖS
ISBN 3- 9803350-7-0

Die Nördlichen Sporaden zählen zu den geheimnisvollsten Inseln des Mittelmeeres. Hier leben noch die sagenumwobenen Mönchsrobben, die "Sirenen" des Homer. Die Stiftung Europäisches Naturerbe (EURONATUR) hat mitgeholfen, daß hier ein Meeresnationalpark ausgewiesen wurde, der erste im gesamten Mittelmeer. Besucher der Sporaden erhalten mit diesem reich bebilderten Naturführer einen guten Überblick über die reichhaltige Natur der bewohnten wie unbesiedelten Inseln im Nationalpark.

Wolga-Delta – Naturoase zwischen Meer und Halbwüste

Rußland - Von Norbert Hölzel, German Russanow und Stefan Schleuning, 1996; 160 Seiten, Ca 174 Fotos und Abbildungen, die meisten in Farbe.
24,- DM/Sfr, 170 ÖS
ISBN 3- 9803350-5-4

Am Nordrand des Kaspischen Meeres liegt eine Delta- und Auenlandschaft der Superlative, die hinsichtlich ihrer Flächenausdehnung und ihres Erhaltungszustandes in Europa keine Entsprechung mehr findet. Eingebettet in die weiten, menschenleeren Halbwüsten des Nordkaspischen Tieflandes dient das Wolga-Delta Millionen von Wasservögeln als Brut-, Mauser-, Rast- und Überwinterungsplatz.

Natur ohne Grenzen – Vernetze Natur in Europa

Europa - Von Karin Blessing, 1994; Stabiler Schuber mit Arbneitsblättern und Lehrerinformationen für die Mittel und Oberstufe, inkl 24 Farbdias sowie dem Aktionsbuch "Natur ohne Grenzen"
78,- DM/Sfr, 550 ÖS
ISBN 3- 9803350-2-X

Diese Unterrichtseinheit entstand in einer Kooperation des Vereins der Freune und Förderer der Akademie für Natur und Umweltschutz Baden-Württemberg, der Stiftung Europäisches Naturerbe (EURONATUR) sowie dem Naturerbe Verlag Jürgen Resch begleitend zur Aktion "Natur ohne Grenzen".

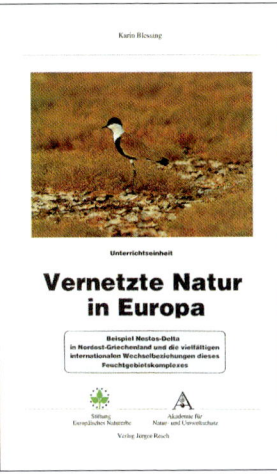

Vernetze Natur in Europa – Beispiel Nestos Delta in Nordost-Griechenland

Griechenland - Von Karin Blessing, 1992; Stabiler Schuber mit Arbneitsblättern und Lehrerinformationen für die Mittel und Oberstufe, inkl 24 Farbdias sowie dem Natur-Reiseführer "Nestos-Delta""
58,- DM/Sfr, 410 ÖS
ISBN 3- 9801641-6-0

Am Beispiel des nordgriechischen Nestos-Deltas werden in dieser Unterrichtseinheit die vielfältigen internationalen Wechselbeziehungen dieses Feuchtgebietskomplexes dargestellt.

**Weitere Natur-Reiseführer
in Vorbereitung:**
(Voraussichtliches Erscheindatum 1997/98)

Slowenien-Karst
24,- DM/Sfr, 170 ÖS; ISBN 3-9803350-4-6

Müritz-Nationalpark
24,- DM/Sfr, 170 ÖS; ISBN 3-931173-00-3

Fuerteventura
24,- DM/Sfr, 170 ÖS; ISBN 3-931173-03-8

Lanzarote
24,- DM/Sfr, 170 ÖS; ISBN 3-931173-04-6

Rhön
24,- DM/Sfr, 170 ÖS; ISBN 3-931173-05-4

Ihre Spende hilft!

Die Stiftung Europäisches Naturerbe (EURONATUR) wird sich auch weiterhin intensiv im nordostpolnischen Naturschutz engagieren. Hierfür ist viel Geld notwendig, Geld bei dem Sie mit Sicherheit davon ausgehen können, daß es gut angelegt ist.

Spende für das Projekt Narew:

**Spendenkonto EURONATUR
Konto-Nr.: 333
Baden-Württembergische Bank
Ludwigsburg
BLZ 604 300 60
Kennwort Narew**

Weitere Informationen zu diesem Naturschutzprojekt erhalten Sie bei der:

Stiftung Europäisches Naturerbe,
EURONATUR
Konstanzer Str. 22
D-78315 Radolfzell
Tel.: 07732-9272-0
Fax: 07732-9272-22

Narew- und Biebrzatal

Grobe Übersichtskarte